壓不垮的紫色玫瑰

點芋成金的米其林做餅魔法師

目錄

08 推薦序
24 楔子

・壹 生於大安溪尾的孩子
30 大安溪氾濫影響居民生計
31 父親，為人處事的榜樣
34 母親，慈祥堅毅的形象
37 如電視劇《阿信》一般的窮困生活

・貳 與糕餅的緣分
42 從務農走向糕餅
43 建成珍餅行的啟蒙
46 在建成珍的學徒生涯
52 闖蕩台北的勇氣之旅：大峰餅店
56 重回台中的學習之路：大甲許清珍餅店與糖果店

59 短暫離開糕餅當兵去
62 轉大人的金馬獎

·參
開始人生
初次創業

70 做自己的餅店
74 合味香餅店正式開幕
77 喜事一樁又一樁，「爐主」來了
84 生意太好遭人妒，除夕夜狼狽搬家
92 一重重困境中逐漸成長

·肆
合味香
破繭而出

100 大甲奶油酥餅的發明者——阿聰師
108 扭轉合味香命運的祕密武器
115 千呼萬喚始出來的開心奶酥
120 開心奶酥帶來人生第一個巔峰
128 師法自然的好味道

・伍
蒸蒸日上的糕餅事業

134 穩定事業後找「起家厝」
143 擴廠再擴廠
150 從合味香到先麥
159 愛的宣言喜餅上市

・陸
糕餅魔法師的紫色玫瑰奇蹟

168 紫金奇蹟幻滅
172 新紫色傳說
177 愛的宣言咖啡廳
184 糕餅黑馬反客為主
189 下一站，幼獅工業區

·柒 人生的巔峰與低谷

196 一切都從進入幼獅工業區開始
200 記憶中的兒子
208 被動了手腳的股權
213 外人眼裡的人生巔峰：登上國宴的芋頭酥之父
215 茶壺內的風暴：與兒子漸行漸遠的心碎父親
218 婚後因何成路人
226 成立沃農士是為了延續先麥，卻埋下心結
230 累積過多壓力，失去聽覺
233 原來我才是外人
240 幼獅工業區上演家庭鬧劇

・捌
沃農士
展翅高飛

252 真心換絕情
256 重起爐灶千頭萬緒
260 胼手胝足擺脫百廢待舉
267 要成功就要不斷創新
275 世界級的肯定——小芋仔正式超越芋頭酥
278 在地責任，回饋地方
284 魔術師的糕餅魔法永不停止
288 大事記

短文推薦

芋頭是台中的名產，把芋頭昇華成「紫色玫瑰」，則是阿聰師的成就，他也曾創造了「排隊購買、賣到缺貨」的傳奇。

阿聰師的事業是「關關難過關關過」，結合汗水與淚水，尊重原料與創意，寫出一部不凡的歷程，我們應該好好瞭解阿聰師的「玫瑰人生」！

胡志強 前台中市長

每個台灣的鄉鎮都有它的獨特性，不論是代表性人物或特殊景觀，還是讓人無法忽略的美食、伴手禮、地方特產等。個人二十餘年來所參與的觀光工廠及創意生活產業認證系統，就是運用這樣特殊的人文地產系統，讓台灣各個值得被帶走的觀光旅遊體驗，或是值得在地人帶出去表達心意的地方伴手禮，可以成為台灣企業打造品牌的核心操作能力。

長期身為觀光工廠及創意生活產業的審查委員，阿聰師觀光工廠既獲得觀光工廠認證，又拿到創意生活產業認證，並且積極帶動地方特色產業發展，絕對是我國以體驗經濟來發展品牌最重要的關鍵人物及企業。

《壓不垮的紫色玫瑰》記錄了阿聰師的奮鬥過程，也是在記錄這段台灣企業的發展歷程，本人強力推薦！

拾已寰 經濟部觀光工廠及創意生活產業 審查委員

認識阿聰師是在十年前，台中市為推動台中午茶生活節吸引觀光客遊台中，而阿聰師的芋頭酥是最具台中特色的產品之一。阿聰師為人謙和低調，不認識他的人，會覺得他就像鄰居阿伯般平易近人。

不過這個阿伯全家都不簡單，除了把台中大甲芋頭發揚光大外，更是不藏私的整合故鄉業者，秉持著共享、共好的精神，一起推展大甲甚至大台中的觀光。這雙做糕餅好手藝的手，同時也是推動觀光的大手，讓人欽佩不已！

柴俊林 交通部觀光局中彰區域觀光聯盟 總召集人

秉持著「天然食材、在地農產、人間美味」，還有他的專業與堅持，在糕餅的世界中一路走來，創造出大甲芋頭奇蹟。這本書有許多阿聰師創業的奮鬥歷程，以及專業和創新啟發，他憑藉著不屈服、不放棄的個性，終能造就巔峰，綻放出美麗花朵。此外，在糕餅給人幸福，祈求風調雨順的路上，也要謝謝阿聰師為這塊土地的付出和貢獻。

呂正華 數位發展部數位產業署 署長

芋頭酥是台灣家喻戶曉的甜品，近年來更屢屢代表台灣文化成為外交禮品。亮麗的當下是阿聰師一生對於土地的執著與積累！紫色，不僅是芋頭的顏色，也彰顯阿聰師堅韌生命力的絢麗，更為台灣土地增添一抹神祕的動人色彩。

佘日新 逢甲大學社會責任中心 執行長

這本書展現了點芋成金的糕餅師傅阿聰師那堅忍不拔的耐心，永不放棄的決心，以及突破困境的信心。即使遭遇困難、挫折、失敗，甚至家庭失和，他仍心存盼望，再接再厲，終於創造台中的名產與亮點，成功行銷國際。思路決定出路，他的創業歷程足堪讀者借鏡與同業典範。

祝福阿聰師「堅持創新、永續發展」！

吳忠宏 國立臺中教育大學 永續觀光暨遊憩管理碩士學位學程 教授

在當今的永續發展思潮中，我們尋求的不僅僅是永續思維，還有堅韌不拔的人生態度。《壓不垮的紫色玫瑰》就是這樣的一本書，透過其獨特的敘事，展現關於創業與人生發展的真實故事。從書中內容我們可以深切的體會到創業的辛酸與甜美，以及面對挑戰的毅力與勇氣。

這本書就像一朵從土裡長出來的紫色玫瑰，展現了它不可壓垮的力量。它告訴我們，無論在創業的荊棘路上，或是在人生的波折中，我們都能堅韌生根，茁壯成長。阿聰師的故事彷彿是抹金色陽光，讓我們看到希望，並激勵我們成為米其林做餅魔法師，將生活的點滴轉化為珍貴的寶石，綻放出屬於自己的光芒。

何昕家 國立臺中科技大學 通識教育中心 副教授

作為一位以觀光教育為職志，又任教於中部，積極推廣「中彰觀光圈」的長期志工而言，能夠代表中部且深具在地特色，並能兼顧引領產業發展的明星伴手禮，首推芋頭酥。一提到芋頭酥，就讓人聯想到這位點「芋」成金的製餅魔法師——阿聰師。

從懵懵懂懂的學徒到辛苦創業，歷經成功卻遭家變，猶如大肚山上楊逵筆下壓不扁的玫瑰般，阿聰師在大甲濱海成就了「壓不垮的紫色玫瑰」傳奇，令人深感佩服外，更是激勵人心！我的伴手禮，我驕傲！

吳政和
靜宜大學 觀光事業學系 教授

阿聰師是一位堅韌不拔的創業家，他的人生從不順遂，處處充滿挑戰與阻礙。即便如此，他仍克服重重關卡，打造出自己的企業王國，並始終保持初心，以「回饋家鄉、社會」為己任。

儘管經濟吃緊，阿聰師也不願以漲價來換取更多利潤，因為他深信「過度的貪婪最後會走向貧窮」。起初他創造芋頭酥是為了解決芋頭過剩的問題，沒想到反而創下自己的事業巔峰。對於員工，阿聰師從不吝於給予更好的待遇與機會，甚至鼓勵他們內部創業，共同向前。在事業成功後，阿聰師也不忘記回饋社會、幫助弱勢，啟動善的循環。

這樣不貪不取、以共好為本的經營哲學，讓阿聰師在事業上大有成就，並且為他贏得了尊重和善緣。其實成功的關鍵無他，皆取決於「態度」。

徐重仁 台灣美化協會 創會理事長

這本書深入探索阿聰師的糕餅生涯，以及背後蘊藏的無限決心。他將每個逆境化為轉機，用才華詮釋出全新滋味，讓讀者感受到他對烘焙滿滿的熱情。

阿聰師不僅在烘焙上展現精湛技藝，更以他對家鄉的熱愛和關懷，創造出第一顆芋頭酥。這不僅是一道美味糕點，更是大甲觀光的著名代表。這個故事是台灣觀光產業的生動寫照，將當地特色透過創意，進一步賦予芋頭全新生命。

此書提醒我們無論何時何地，都要尋找創新、追求卓越、克服逆境，用心品味人生的每道風景。與此同時也展現了台灣傳統食品產業成功的轉型升級，以及精彩的國際行銷與永續發展的亮眼成績，恭喜阿聰師！

許立昇 中華民國觀光工廠促進協會 理事長

這是一個感動人心的勵志故事，阿聰師的糕餅艱辛路從家鄉台中大安起家，到勇敢闖蕩台北，再重回台中深耕。其中包含了夫妻間的伉儷情深與孩子對父母的愛，在大安中發現愛，在芋香裡分享愛，並帶著對家鄉土地的愛，歷經超過一甲子的創業來時路，關關難過關關過，用創新創造成功，帶動芋頭產業的經濟效益。阿聰師用在地作物做在地美食，用心與堅持，讓芋頭成為台灣的驕傲，並且獲獎無數，使自己做出的芋頭糕餅成為總統就職國宴點心及外交部禮賓指定伴手禮。

祝福阿聰師品牌再創巔峰，永續發光。

唐受衡 中華民國觀光領隊協會 副理事長

台灣的糕餅業有百年歷史，在各地都發展出獨具一格的特色糕點，可說是台灣最有溫度的產業！製餅職人阿聰師結合在地人文，將土裡的大甲芋頭變成嘴裡的美味糕餅。做餅魔法師不僅提升在地農產產量，更打造出「阿聰師」形象品牌，投入地方創生概念回饋鄉里。期望阿聰師芋頭酥能永續發展，讓這「壓不垮的紫色玫瑰」成為百年企業。

謝明達 財團法人中衛發展中心 董事長

可能因為與自己同宗，每次見到阿聰師，就好像看到自己的父親一樣，他總是帶著一抹微笑，沒有拘束的和我談話，給人最深刻的印象，是他做餅時專注的神情。

這些年，我看過他對糕餅品質的堅持，也見證他對人的無私無我。

在大甲，只要提到芋頭，大家都會想到他。我喜歡吃阿聰師的芋頭酥，不僅口感好，還有一種幸福的滋味。

吳德利 臺中市產業故事館發展協會 榮譽理事長

鳳梨往往都帶點酸味，若要變成甜蜜滋味，通常要加點鹽巴激發出甜味，而不是添加糖分。若把鳳梨的酸味，比喻成人生的「辛酸」，而「努力工作」就成為生活中的鹽巴。

在辛酸生活中加入努力後，能「中和」生命的苦澀，就能活出生命的甘甜味。正如阿聰師創業時，面對困境的勇氣與堅持，宛若壓不垮的紫色玫瑰，終究成為糕餅界的魔法師，令人敬佩！

戴勝益 王品集團暨益品書屋 創辦人

阿聰師幾十年來將「芋頭」這個平價樸實的特產，變成人人傳頌，國宴等級的精緻糕點，不僅促進地方發展，也對台灣餐飲文化有著極為重大的貢獻。

書中可以看到中小企業主從創業到轉型的辛苦歷程，最可貴的是，阿聰師總是從「品質」和「良心」的角度出發來面對每次困難。其對土地的熱愛，乃至匠人精神的堅持，終能成就如此傲人的全國品牌。

洪士峰 不二緻果 董事長

這不只是一本烘焙職人的做餅書，更是見證生命如何重新發光的魔法之書！

身為戰後第一代台籍糕餅師傅，阿聰師創業起落與做餅人生走過的軌跡，就像他發明的芋頭酥外觀，那圈圈層層交錯的花紋一樣，總是得經過反覆揉捏與高溫烘烤，終能將生來平凡的大甲芋頭，幻化為令人驚豔且回味再三的米其林美味。

尤子彥 大店長讀書會 創辦人

台灣台中大甲芋頭酥遠近馳名，這個大家都知道。但你不知道的是，原來，竟是一個憨直的糕餅師傅，本著幫助家鄉農民的初心，為了解決芋頭產銷的問題，歷經無數困難，最後才創造出這令所有品嚐過的饕客都銷魂難忘的芋頭酥！

誠摯推薦您閱讀，國宴級小吃糕餅師傅「阿聰師」的新書《壓不垮的紫色玫瑰》，他一步一腳印的創業故事，不僅有著我們台灣人共同的回憶，更有著台灣農業升級和創新的祕密，不容錯過！

林崇偉 众社會企業 執行長

名人推薦

顏清標 財團法人台中市大甲鎮瀾宮 董事長

林俊明 霧峰林家宮保第園區 董事長

鄭銘坤 台灣媽祖聯誼會 會長

楔子

民國九十九年五月五日，上午。

老人奔出家門，跳進車子後匆匆忙忙的發動引擎，他踩足油門一路狂飆，只為了早一分鐘抵達大甲幼獅工業區。他要去挽回他的基業，也要為他的家庭做最後努力。但這位年過半百的老人不知道，他將面對的是人生中最大的挑戰，更是生命中椎心蝕骨的痛。

「你們在做什麼？為什麼在我的工廠裡？這些都是我的機台，還有我進的原料，你們憑什麼搬走？馬上放下！把車上的也搬下來，我已經報警了！」老人大喊著並急忙從車上跳下來，奔向掛著「先麥食品股份有限公司」招牌的廠房。原本揮汗如雨正將一台台機器、一籃籃麵粉搬上卡車的

當時新聞報導的畫面（資料來源：三立新聞）

工人們，一聽到老人的喊叫，全都愣住並停下手上的工作，一臉茫然的望向他。

這位老人是吳聰朝，知道這個名字的人不多，但若說起大甲名產芋頭酥，大家都會知道是「阿聰師」發明的在地美味。這顆可口的芋頭酥在全台灣掀起一陣紫色旋風——而這個頂港有名聲，下港上出名的阿聰師，正是這位氣急敗壞的老人。

「為什麼不能搬走?我是這間公司的負責人,我說搬就搬!你們繼續搬,不要停下來!」站在一旁的中年男子看見阿聰師到場非但沒有停手,反而指揮工人繼續動作。

這位中年男子叫吳生泉,他是阿聰師的獨子,也是這家公司的總經理。

阿聰師看了看吳生泉並望向先麥的招牌,眼淚不停在眼眶裡打轉,眼前的畫面也變得越來越模糊。整群的黑衣人、警察、記者、店門前大排長龍的客人、剛出生的兒子、合味香餅店開幕時放的那串鞭炮、穿著婚紗的太太、建成珍當學徒的日子、小時候的甘苦生活……所有畫面全都揪成一團。六十多年的人生歲月一一浮現在眼前,阿聰師心痛的墜入回憶中。

壹／
生於大安溪尾的孩子

生於大安溪尾的孩子

大安溪氾濫影響居民生計

阿聰師，民國三十三年出生於台中縣大安鄉（現為台中市大安區）。這是個夾在大甲溪與大安溪下游出海口的小鄉鎮，兩條溪的水量充足，卻也經常潰堤。大水沖進村落後摧毀田地，造成當地嚴重的經濟與農作損失，使居民不堪其擾。像是民國四十一年的半夜大水，阿聰師全家就被迫逃到隔壁村。這樣的情況屢屢發生，也讓外地人對這裡有著「窮困」的刻板印象。

父親，為人處事的榜樣

阿聰師的父親名叫吳炳，鄉民多叫他「金炳伯」、「金炳兄」。阿聰師十分敬重自己的父親，並將他當作為人處事的榜樣。雖然金炳伯是農民，但他因為上過私塾，因此對四書五經、三字經等古籍都頗為熟稔。每每在農閒或是工作結束之餘，金炳伯會義務開設「暗學仔」，也就是私塾，教導村莊裡的年輕人讀書，帶領他們學習傳統漢學與日文。同時，他也在宮廟裡指導南管、鑼鼓陣，每年鎮瀾宮的刈火進香或是遶境，他都會代表村莊出陣頭。

金炳伯在村子裡的地位甚高，因此鄰里間如果有紛爭，他都會幫忙協調、提供意見。此外，他對於土地測量也十分熟悉，所以經常跟村長一同去處理土地糾紛或是家庭遺產的爭議。他在幫忙測量田產土地以後，會以最適當的方式劃分出數等分，讓有爭議的數方進行抽籤。另外，金炳伯還曾跟朋友共同承包大安溪堤防建設工程，他在其中負責測量、計算與文書工作，以截彎取直的工法，防止水患再次發生。

接受日本教育的金炳伯，不僅在外懂得尊重人，在家也是個慈祥的父親。在阿聰師的記憶中，父親不曾無端胡亂發脾氣或是任意遷怒，甚至沒有動手打過他們。儘管忙碌，他還是會指導孩子的功課，而且不論有什麼過錯都會很有邏輯的讓孩子知道前因後果、來龍去脈。正因如此，阿聰師才會如此景仰與崇拜他，同時深受其影響。

阿聰師回憶父親時說道：「爸爸曾跟我說，兄弟姊妹中唯有我讓他最少操心。我時常問他生活上的大小事，漢字、日文、數學、算術他都會，就連天文地理也略知一二，甚至是六十甲子論命術他都沒問題。」

儘管金炳伯在地方有著相當好的名聲，但這卻與家中收入不成正比。阿聰師家中經濟主要仰賴農業收成，簡言之就是看天吃飯。然而經常性的河水氾濫數度造成農田的重大損失，當收成出現問題，金炳伯就得向米廠、雜貨店賒帳，或是借錢度日。在所有公共事務上，金炳伯幾乎都是無償幫忙，因此沒有任何額外的收入，導致家裡經常過著寅吃卯糧的生活。

金炳伯的為人處事與智慧影響阿聰師許多，阿聰師也承襲了父親的低調個性，一生默默學習，靜靜做餅，努力創新與進步，將糕餅業發展到極致。阿聰師謙虛的說：「我常在想自己的生意為什麼能做到這種程度，我想是因為從我爸爸身上學到為人家服務的精神，這是他的功德，並非是我厲害。」凡事都低調面對，期待為社會帶來更多善的循環，這也是阿聰師可以讓父親感到驕傲的地方吧！

母親，慈祥堅毅的形象

阿聰師的母親吳陳阿治出生於日南，她有著一身編織藺草草帽、草蓆的好手藝。在阿聰師的印象中，母親一直是個賢妻良母，每天都會早早起床張羅全家的早餐，並忙碌於家中的大小事務。為了分擔家計，她還得在半夜三更編織草帽、草蓆。母親挑燈夜戰的作息讓阿聰師感到相當不捨，但也多虧她精湛的手藝，以及養豬、雞與鴨來貼補家用，為這個多口之家賺取不少額外收入。

阿聰師的父親一生共娶了三任老婆，第一任生了兩個男孩，也就是阿聰師的大哥、二哥，但後來在生產第三胎時難產，母女雙雙離世。後娶第二任又因故離異，才與阿聰師的母親結為連理。

阿聰師回憶道：「我的母親是父親的第三任妻子，是透過人家介紹的。但因為母親的兄弟一直沒有子嗣，身為長女的她在生下我之後，一度要我從母姓，改姓陳。後來剛好舅媽生下表弟，長輩才不再堅持，讓我跟著爸爸姓吳。」

阿聰師的父親吳炳與母親吳陳阿治

吳陳阿治對孩子的管教相當開明，但也不會疏於管理。有一次阿聰師與其他孩子發生衝突，在放牛時被對方從高處灑尿在臉上，於是阿聰師生氣的朝對方丟擲石頭，一不小心弄得人家頭破血流。後來那個孩子滿臉鮮血的跑來向阿聰師的母親告狀，盛怒的吳陳阿治便舉起手來要教訓阿聰師，教他做人。這是阿聰師記憶中，母親唯一一次作勢要打他——吳陳阿治就是這樣一位既顧家又有原則的慈母。

阿聰師在面對人生的各種起伏時都能勇敢應對，這與父母從小的教誨與引導息息相關，這些都深深影響著阿聰師的為人處世與遭遇困境時的態度。

如電視劇《阿信》一般的窮困生活

面對大自然不時的侵襲，阿聰師家裡始終處在貧窮的狀態，因此他小時候除了放牛，也必須跟著父親和哥哥一起到田裡工作或是協助家中事務，基本工作完成後，還要幫忙餵養家裡的雞鴨。

阿聰師回憶道：「小時候家裡的狀況真的就像日本電視劇《阿信》一樣，哥哥姐姐都沒有讀過書，但爸媽卻願意讓我上小學，畢業後我甚至還有機會讀到初職，進入台中縣大甲初級農業職業學校就學。」

那個時代可以讀書是幸福的，當阿聰師從大甲農校即將畢業時，他的妹妹也到了國小畢業的年紀。但因為家貧，阿聰師的父母本來要將她送往長輩介紹的鳳梨松茸罐頭工廠當女工，此時疼愛妹妹的阿聰師便跳出來向父母爭取。「我跟家中的兄弟姐妹比起來已經很幸福，多讀好幾年書了。你們讓妹妹繼續唸書，初農畢業以後我會去工作，不再升學，來減輕家裡的經濟負擔。」阿聰師說。

其實阿聰師心中也有升學夢，他曾參加台中師範學院的入學考試，但沒能如願考取，加上妹妹面臨無法就學的情況，所以他決定不再堅持，把唸書的機會讓給妹妹。也因為如此，阿聰師才有機會遇到自己一輩子的志業——糕餅。

貳／

與糕餅的緣分

與糕餅的緣分

從務農走向糕餅

那個年代大甲溪的水量充足，許多家庭都會養鴨子，阿聰師他們家也不例外。當阿聰師從大甲初農畢業後，養鴨的工作就由他負責，偶爾也得協助農事。

養鴨、務農的生活對阿聰師來說並不困難，但總是得看天吃飯，收入相對不穩定。阿聰師的父親認為這樣難以改善家計，因此希望阿聰師可以往外發展，不要繼承家裡的工作。

剛好阿聰師的農校同學吳資能帶來一個讓他走向外面的契機，使阿聰師進入建成珍餅行，開啟與糕餅的緣分，進而引導出精采絕倫的人生。

建成珍餅行的啟蒙

建成珍餅行是位在台中市中區第二市場旁興中街的知名餅店，創辦人張金城先生年輕時在台中當學徒，做了各種工作後，最後選擇在此處開了糕餅店。

製作傳統糕餅需要使用各式各樣的模具，畢竟不同的歲時節慶往往會對應不一樣的糕餅，也能讓餅乾的外觀有各種樣貌。而餅乾的印模不同於糕餅模，前端圖案的地方多為金屬材質，才便於為餅乾塑形，但這些金屬模用久了就會損壞，因此張金城會就近拿到第五市場修理。

因為這樣的機緣，張金城認識了負責維修工作的吳資能，而且相當欣賞他的能力與積極態度，便邀請他到店裡當學徒。沒想到吳資能做了幾天後，發現糕餅這個行業並不適合自己，所以決定離開。可是建成珍實在相當缺人，因此吳資能接受了張老闆的請託，開始到處幫忙找學徒，這才找上了阿聰師，因緣際會下開啟了阿聰師的糕餅學習之路。

在那個經濟尚未起飛的年代，蘇打餅乾、雞蛋餅乾、桃酥就是孩子們幸福的泉源。逢年過節建成珍都要做出各種對應節氣、時令的糕餅，在這裡做了快六十年的師傅說：「早期的糕餅店，什麼都賣！」

做餅其實是相當辛苦的工作，需要調整麵粉比例、打蛋，並且重複不斷的揉、打麵團，將麵團用擀麵棍推平後，才能用印模一片片蓋出來成形，最後送進烤爐烘烤，等待熱騰騰的餅乾出爐，然後包裝上架。這些，至今仍是建成珍的日常。

建成珍因為用料紮實，做出來的餅乾散發著濃郁香氣，口感酥脆、甜而不膩，吃得出天然的風味，因而受到顧客的喜愛，生意自然相當熱絡，最盛時期甚至聘請了十多位師傅與學徒。建成珍的老師傅回憶道：「當時大家都睡在樓上，吃飯的時候要開兩張桌子。」

在建成珍的學徒生涯

年輕的阿聰師隻身來到建成珍，除了想學做餅，更重要的是當學徒包吃包住，可以節省開銷，還能賺一點錢幫忙減輕家中負擔。當然，他的內心也很期待可以學到多一點技術，在未來能有所成就。

每個行業的學徒剛開始一定都是從雜事做起，畢竟初入行需要先瞭解整個行業的基礎，與店家的經營模式及特色。因此阿聰師剛來建成珍時，洗東西、打掃、擺放餅乾等雜事都是他的基本工作，店內的糕餅師傅並不會教他太多專業技術。每當要調配麵粉比例或是秤原料的重量時，不知道是刻意還是碰巧，師傅都會用身體擋住磅秤的指針，也不太會告訴他各種餅類高筋、中筋、低筋麵粉的比例。

不過阿聰師自幼好奇心重，對於學習相當積極，雖然剛到建成珍時還不太敢開口，但他仍會從師傅交代的許多工作中細細琢磨。日子久了以後，阿聰師終於忍不住對學習的渴望，開始詢問師傅其中技巧，但師傅當時只告訴他時候未到。

然而阿聰師還是不想錯過任何學習的機會，所以當師傅在挑選原料、秤重、揉捏的時候，他都會在一旁看著師傅的每一個動作，偷偷學習其中技巧，並仔細的用筆寫下來或是記在腦海中。等到師傅不在的時候，阿聰師便會拿原料一次又一次的測試，秤出正確的重量與比例，抓到訣竅後就趕緊寫下來或是去問師兄，不厭其煩的與師兄弟討論。為了調配出完美比例，阿聰師不斷嘗試，感受製作糕餅的節奏與手感。

多年後阿聰師自己當了師傅，才理解讓小菜鳥做這些基本工作，其實具有很大的意義。「這幾年我才了解，當初師傅跟老闆叫我們洗東西，原來就是食品衛生安全。我們需要從基本的開始學起，否則一開始就教做餅也聽不懂，很多東西都無法瞭解。」阿聰師回憶道。

餅店學徒幾乎沒有休息時間，更別說是假日了，雖然一個月薪資只有一百五十至兩百元，但什麼事情都得做。每天不是不斷的揉麵團，就是瘋狂攪拌煮糖漿，而且當時烤餅是使用柴爐，烘烤的時候必須非常專注，因為一不小心受熱不平均，成品就會燒焦。「所以才會有一句『做餅師仔，烘餅師傅』。畢竟我們是學徒，哪有鬆懈或喊累的權利！」阿聰師說。儘管辛苦，還是只能咬牙撐下去，默默期待出師的那一天。

不過年輕人總會有自己紓解壓力與發洩體力的方式，阿聰師與幾個師兄弟常常在餅店沒那麼忙碌的時候，相約關店後去看電影，享受休閒生活。

看電影之餘，阿聰師也沒有忘記本業，時刻注意與糕餅相關的事物。

當時鳳梨酥相當受歡迎，有幾家電影院只要買電影票就會送一塊用「Paraffin」，也就是「蠟紙」包起來的鳳梨酥。而鳳梨酥的包裝紙上往往印了許多不同的廣告，並打上店家與廣告資訊。

「現在回想起來，原來這就是廣告。異業合作、書面宣傳從那時候就開始了！」阿聰師說著。

在建成珍的日子需要付出大量勞力，但對勤勞的阿聰師來說，這完全不是問題。在學習的過程中有薪水領，有餅吃，還有地方住，更可以減輕家裡的負擔……不知不覺阿聰師一待就是一年多。

這段時間阿聰師學到許多做糕餅的技術，也在總是忙著送貨的老闆身上學到了經營觀念。但隨著時間一天天過去，阿聰師認為繼續待下去好像只是領薪水，沒辦法學到更精進的技術，眼界也會侷限於此。

阿聰師一邊揉麵團一邊想著：「難道除了餅乾、漢餅，這一坨麵團就沒有其他可能了嗎？」除了中式糕餅之外，阿聰師也想學習西點，已經成年的他認為是時候離開舒適圈，飛向外面的世界了。於是他鼓起勇氣向老闆提出自己的想法，表示希望到台北繼續打拚、學習，就這樣結束了這段在建成珍的學徒生涯。

建成珍這七十多年來，培養出許多在糕餅業發光發熱的師傅，而老師傅口中的「聰朝仔」是其中知名度與成就最突出的。雖然阿聰師在建成珍只待了兩年多，但每當接受訪問時，他總會不忘本的說自己是在建成珍習得製餅技術，畢竟這裡就是他的糕餅啟蒙，因此他偶爾也會回到台中市區拜訪張金城老闆。

民國一百零三年，阿聰師又回到建成珍拜訪張老闆，本來都不願意拍照的張老闆終於在那天與他拍下一張合照，沒想到隔年高齡九十五歲的張老闆就因病離世了。當時身為台中市糕餅公會名譽理事長的阿聰師，雖然在出殯前一天才得知消息，但他還是迅速的發動公會及自己公司的同仁打理、幫忙，風光熱鬧的送張老闆最後一程，以表達自己的感念。

A－多年後拜訪，阿聰師與張金城老闆的合照。
B－張金城老闆儘管上了年紀，手腳依舊俐落。

闖蕩台北的勇氣之旅：大峰餅店

台北是台灣的首都，好的、流行的、新潮的都在這裡，自然也有阿聰師想學的西點麵包。於是阿聰師決定前往台北「遊學」，帶著張老闆、師傅與師兄弟的祝福，買了一張單程車票，踏上這趟未知的旅程。

走在台北街頭，面對陌生的城市，阿聰師心中充滿著對未來的期待，但也不免感到茫然，畢竟台北的生活步調與台中截然不同，讓他擔心該如何在這裡過活。面對眼前一切，阿聰師只能走一步算一步，憑著想學習的心，拿出「憨膽」，努力的找尋工作。

當時台北的西點蛋糕店都沒有缺人，在找了一兩個月的工作後，不斷碰壁的阿聰師感到十分著急，堅定的心也逐漸動搖。「總要吃飯，總要找地方睡覺吧！不能一直吃老本，不然早晚會把錢花光的！」阿聰師知道不能繼續這樣下去，只好暫時放下堅持，先以三餐溫飽為主。

秉持著「能學到東西就好」的心態，阿聰師透過職業介紹所媒合來到一間紡織廠，原以為是一般顧機器的工作，實際上卻是以打棉被為主。棉絮紛飛、髒亂混雜的空氣讓阿聰師完全無法負荷，也沒有學到什麼東西，於是他便果斷離開。

接著阿聰師到了西裝服飾店當學徒，卻遇到一位脾氣差、口音重的師傅。儘管他在工作上努力磨合，但始終抓不到與師傅的默契。此外，北飄初期住在師兄弟或朋友家的阿聰師，一直期待有個屬於自己能睡好覺的地方，但在台北寸土寸金的環境下，他只能以做西裝的工作台作為晚上休息的床鋪。

曾經是糕餅學徒的阿聰師不怕累也不怕辛苦，但聽不懂師傅說的話根本學不到技術，只能一直挨罵，於是他又開始翻報紙，希望能找到新的工作。這時他剛好看到三重埔文化北路的「大峰餅店」在徵學徒，便趕緊把握機會積極前往應徵。

台北在日治時期就已經相當「摩登」了，戰後美援和美軍顧問團的進駐，讓西方的生活習慣深植於這座城市，糕餅業也產生了些微的變化。畢竟有商機存在，店家便不再只做傳統的大餅、餅乾或糕類，師傅們開始學做麵包與西點蛋糕，而且這些已然成為台北人習慣的點心。

大峰餅店的產品原則上與建成珍差不多，但糕餅的外型、配料與味道還是有所差異。西點麵包是阿聰師一直想學習的產品，因此他相當積極，時常與師兄弟一起做各式各樣的糕餅麵包，師傅也會告訴他配方，但阿聰師發現師傅往往都會留一手，有些重要的技巧或是關鍵配方總是無從得知。於是他拿出當年在建成珍的實驗精神，以師傅的指導為基礎不斷嘗試，努力調整出最佳口味。

在台北的這段歷程對阿聰師來說相當重要，他不只專注於師傅傳授的技術，也會與朋友四處訪查台北的西點蛋糕店。只要打聽到哪一家糕餅店比較有名，便會關注那家店有做哪些商品，瞭解當下流行的樣式與口味，熟悉西點蛋糕、麵包的作法，這些過程讓阿聰師看到糕餅的更多可能性。

然而在這段過程中，阿聰師遇到了一個非常棘手的問題——水土不服。來到台北一段時間後，阿聰師發現自己經常肚子痛、腹瀉，讓他的工作與學習無法穩定。後來他才知道原來問題出在「水質」，台北人長期飲用或許已經習慣了，但從台中北上的他一時半刻還無法適應，只能用手舀地下水，並拿大水缸以傳統的過濾方法來處理，每隔幾天還要洗一次大水缸。

一年過後，阿聰師仍舊無法克服這個問題，身體的不適讓他感到身心俱疲。最後，為了健康著想，他決定離開燈紅酒綠的台北，回到自己的家鄉重新開始。

重回台中的學習之路：大甲許清珍餅店與糖果店

從台北回到熟悉的故鄉，重新聞到稻田和大海的香氣，一切的不舒服彷彿都煙消雲散了。「人是回來了，但前途呢？總不能回家繼續養鴨吧！」阿聰師想著。

於是透過朋友的介紹，阿聰師來到大甲許清珍餅店（現在已改名為永珍餅店）當學徒。當時許清珍餅店是大甲相當受歡迎且銷售量很大的餅店，店裡最主要的商品是麵龜與喜餅，像是街坊鄰居訂婚的酥餅、肉餅，還有鳳梨酥、鳳片龜等，商品相當多樣化，不過還是以漢餅為主。

在台灣傳統社會，「糕餅」是生活中相當重要的一部分。過年要有紅龜粿、發糕，訂婚、結婚除了中式喜餅以外，麵龜、麵羊、麵豬也是不可或缺的，因此生意相當好的許清珍餅店，每逢過年過節都要做破千斤的麵龜和餅。這段時期，老闆毫不保留的教導阿聰師許多技術，讓他學到非常多傳統糕餅的製作方法，雖然工作量很大也很辛苦，但對阿聰師來說卻是收穫滿滿，製餅能力也有所提升。

年輕的阿聰師就像一塊海綿般不斷吸收各種技術，從建成珍的餅乾到大峰的糕餅西點，回到台中大甲後又學習了各式各樣祭祀、慶祝、過節的傳統麵食類製品和糕餅，這些都轉化為阿聰師的養分，成為他未來開業的重要基石。

阿聰師從十七歲到二十一歲間陸續換了不少老闆，但他並非別人口中「天天換頭家，無路用與定性」的人。對阿聰師來說，每一個工作都能學到不同的知識與技能，一點一滴的累積，將所見所學內化成自己的功力。

在許清珍餅行待了大概一年後，因為朋友急缺人手，重情義的阿聰師只能離開老師傅，來到台中市區中山路靠近原子街的糖果行幫忙。這家店是雜貨店的形式，以製作與販售糖果為主，也會賣小朋友喜歡的抽抽樂、抽紅包等玩具。但來這裡沒多久後，阿聰師就因為接到兵單而得投身軍旅，糕餅的學習之路也因此劃下一個暫時的休止符。

短暫離開糕餅當兵去

「離家當了那麼久的學徒，早已習慣不在家的生活。而且這幾年什麼辛苦活都幹過了，去磨練一下或許也不錯，只可惜要暫時放下糕餅。但人生有無限可能，也許軍旅生涯能帶來不一樣的體驗。」阿聰師心想。

於是阿聰師收拾了簡單的行囊，揮別父母與親人，按照兵單上的時間、地點，來到太平竹仔坑營區報到。看見位在荒郊野外的軍營，阿聰師心中不免感到忐忑，但一想到當兵是國民應盡的義務，更是蛻變成男人的磨練過程，他便毅然決然的走進營區，迎向新兵的入伍生活。

來到部隊後，阿聰師才發現自己比其他同袍晚了一個禮拜入伍，「應該是補上員額缺吧！」阿聰師猜測著。也因為晚了一週，許多事情都得重新瞭解，因此必須更積極的學習與表現。過去人家總說軍旅生活能混就混，得過且過，但這不是阿聰師的風格，就算是當兵也要「做什麼，像什麼」。因為抱持著這樣的想法，在竹仔坑七週的訓練中，阿聰師的表現相當突出，並獲得連上長官的關注。

阿聰師平時的表現讓長官印象深刻，所以只要需要幫忙，長官都會想到他。在新訓即將結束前，排長將阿聰師找到辦公室，表示希望他能留在竹仔坑營區擔任教育班長。

長官的邀請讓阿聰師感到相當驕傲與開心，但領導這件事並不是他所熟悉的。他是來自大安海邊的鄉下孩子，自由自在慣了，不習慣管別人、喊口令，和氣的他更無法裝成兇巴巴的嚴肅模樣來帶領部隊。若當教育班長，未來在軍隊中的時間都會被壓縮，對於負責任的阿聰師來說壓力將會非常大，他也擔心自己的人格特質做不好這件事，讓長官失望。因此經過思考後，他拒絕了排長的好意，告知對方當教育班長並不適合自己。

排長嘆了口氣提醒他：「你如果留下來擔任教育班長，就不用參加分發抽籤。現在外島情勢那麼緊張，還在執行戰地任務！金門在八二三炮戰以後是單打雙不打，每隔一天就有炮彈從天上掉下來；馬祖離中國那麼近，水鬼什麼時候會來都不知道。你留在這邊既不用擔心到前線去，要回家也比較方便喔！」

聽見長官那麼為自己著想，阿聰師心中有所動搖。但他想了想，還是恭敬的對排長說：「謝謝長官的肯定，但我實在沒有把握能勝任教育班長這個職務。假如真的抽到外島那也是命，就當作去異地體驗不一樣的生活吧，說不定還會有意想不到的收穫！」

排長聽完後拍拍阿聰師的肩膀，並給他一個欣慰的微笑，鼓勵他繼續保持這樣的態度面對人生，就沒再多說什麼了。

轉大人的金馬獎

對於新訓結束前的抽籤，阿聰師的同袍們都感到相當緊張，因為這關係到他們未來一兩年的命運。但阿聰師不像其他人有過多的擔憂或牽掛，畢竟他十七歲就離家學餅，十九歲便獨自到台北打拚，早已習慣了漂泊的生活。為了做好工作，他不僅吃了不少苦，更沒有時間與精神交女朋友，「抽到哪都無所謂，就算是金馬獎也無妨！」阿聰師心想。

「新兵吳聰朝，手中無籤，在此抽籤！」

抽籤當下，阿聰師沒有使用軍中流傳的迷信偏方，像是在手上塗綠油精或畫眼睛等招數來逃避外島籤。「所有的安排，都是最好的安排。」他心想。只見阿聰師阿莎力的抓起籤筒裡的籤條，相當帥氣與乾脆。但其實他的內心還是有一絲絲期待的，希望可以抽到好單位或是避免抽到外島，這樣至少可以常回家探望父母。

然而沒有好運氣的他抽到了金門工兵單位，這是個專業的兵科，必須先接受兩個多月的訓練後才會被派送至金門。抽完籤，新訓生活就算正式結束了，再來阿聰師得離開竹仔坑，前往高雄燕巢的工兵學校，接受十個禮拜的工兵專業技能訓練。

工兵在軍隊中的功能以支援為主，具備逢山開路、遇水架橋、障礙排除、災害搶修等多樣化技能。其中，最讓阿聰師感到緊張的項目是「爆破」，因為這個工作危險性高，操作者需要有過人的膽識與細心，才能執行好任務。阿聰師雖然只是義務兵，但操作起來絲毫不馬虎，讓長官讚賞不已，認為他既大膽又穩重。

在燕巢待了十個禮拜，結訓後不久，阿聰師便搭上運輸艦前往金門。站在甲板上，看著波光粼粼的大海，還有在月光下跳出水面的魚群，這些過去從未見過的畫面讓阿聰師感到十分有趣。

望著滿天星斗，阿聰師想到臨行前放不下心的母親，擔憂的交代他要好好照顧自己，還要他心隨境轉，不用擔心家裡，讓他的心情不由得複雜起來。但在外打拚的這幾年，他早已學會勇敢面對一道道挑戰，同時也深信再怎麼辛苦，都是為了蛻變成美麗蝴蝶的過程。

抵達金門後，阿聰師跟著部隊前往位於南雄戲院旁的第三士校營區。「咻！轟隆！」剛到營區時突然傳來一陣巨響，大家驚覺是炮彈炸裂的聲音，一群剛到部隊的菜鳥嚇得到處尋找掩蔽，現場亂成一團。等到驚天動地的聲音停止後，他們抬起頭看到老兵們若無其事的繼續工作著，並訕笑這群剛來的菜鳥，彷彿剛剛什麼事都沒發生。一群人這才想到金門現在是「單打雙不打」，每隔一天就得接受共軍的炮擊。這樣的情形對老兵們來說已經見怪不怪，而且打下來的炮彈多是宣傳單，殺傷力並不大。後來他們在金門待久了，也就慢慢習慣了。

金門在二戰後為了建設，經常會派工兵去打花崗岩洞穴。但花崗岩相當堅硬，得用炸藥爆破山壁並清出石頭，十分的危險，因此必須由最優秀、細心的阿兵哥來負責執行。而阿聰師的部隊中，從組裝雷管與 TNT 炸藥，到進入坑道點燃火藥等重要任務，總是落在阿聰師頭上，因為他的個性既沉穩又仔細，能將爆破類的工作做得很好，因此深受長官的信任。

在金門的日子，阿聰師所屬的工兵單位為金門做了許多建設，包含國小校舍、水庫與郵局。像是金門主要的水庫——太湖水庫（前身為黃龍潭水庫），就是阿聰師所屬單位動土開工的。當兵的這段日子阿聰師過得相當充實，轉眼間，他的軍旅生涯就在不知不覺中到了尾聲。

背起行囊，阿聰師回顧待了兩年的金門，心中百感交集。這段期間他已經對這座島嶼有了感情，也捨不得島上的同袍們。但男兒志在四方，他的人生才剛要開始，他也清楚自己必須趕緊回台灣，開啟另一段糕餅的旅程。

阿聰師在金門當兵時與「毋忘在莒」勒石合照

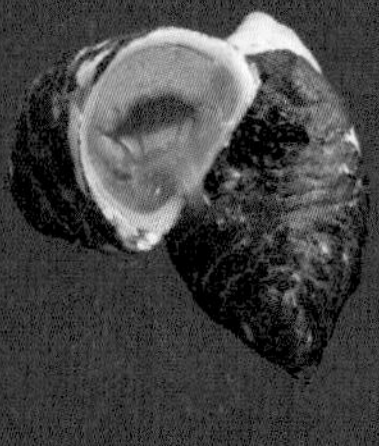

參／

開始人生初次創業

開始人生初次創業

做自己的餅店

民國五十六年，剛從金門退伍回到台灣的阿聰師已經二十四歲，過去與他一起在建成珍與大峰的師兄弟很多都出來創業了。想當初阿聰師在當兵前努力到處學習糕餅西點知識，就是希望有朝一日能「出師」，卻因為服兵役不得不短暫中斷。如今眼看師兄弟都已經從學徒畢業開始當師傅了，這讓阿聰師感到相當焦慮，也一直提醒自己必須趕快跟上腳步。於是阿聰師回台灣沒多久，就到師兄張連三在台中開的餅店工作，讓許久沒有製作糕餅的手，重新回到麵粉堆中找回感覺。

在張連三店內幫忙的這段期間，阿聰師積極沉潛，為了未來「開一間屬於自己的餅店」而努力。在與過去幾位師兄弟見面聚會的時候，大家也都會分享開店經驗，無私的提供阿聰師許多建議。透過張連三以及在大峰認識的謝武松、謝武林兄弟的積極幫助與鼓勵，阿聰師在退伍一年多後，下定決心放手一搏，實踐自己「做頭家」的夢想。

然而光有夢想沒有用，最現實的問題還是「錢」，開店若空有技術沒有設備，就算再厲害也無法量產。於是阿聰師鼓起勇氣向親朋好友借錢，連同過去幾年努力打拚所攢下來的積蓄，投入數萬元購買設備。但因為經費有限，因此剛開店時，就連烘烤餅乾的柴爐都是阿聰師土法煉鋼蓋起來的。

剛開始創業什麼都沒有，許多事情都得靠親戚朋友們的幫助。有的為他介紹原料商，有的直接到店裡幫忙帶學徒，阿聰師還向親戚租用了大甲國小宿舍後方巷子的國宅作為落腳處。但因為地處國宅區，無法有店面，因此阿聰師只能與雜貨店合作鋪貨。

已經從學徒變師傅的阿聰師拿出最大的決心，說什麼也要盡全力闖出一點名氣。阿聰師對自己喊話：「沒有拚過怎麼知道極限在哪裡！沒有開始，就只能永遠當人家的勞工！」他要用一身的本領，打造出專屬於自己的品牌與糕餅。

製作糕餅的空間搞定了，那麼店名呢？有店名才能開始打響知名度，並且被記得、流傳。阿聰師想了很多名字，但不是不喜歡，就是感覺少了點什麼，最後是他那有智慧的父親為他取了「合味香」這個名字。

同樣的食物，每個師傅做出來的口味都不同，消費者的感受也不一樣。只有適合自己的味道才是好滋味，用台語來說就是「合味」，要合味才會「香」，因此阿聰師的父親建議可以將店名取為「合味香」。

剛好那時黃俊雄的布袋戲風靡全台，裡面角色「哈麥二齒」的搞笑演出頗受歡迎，而合味香的「合味」兩字台語讀音剛好近似「哈麥」，因此「哈麥滂」也變成當時民眾對店名的暱稱，成為另類幫助記憶的小特點。

合味香餅店正式開幕

阿聰師知道自己的劣勢是沒有醒目的店面，無法像過去在建成珍時擁有熱鬧的地理優勢與大量人流。他相信自己的手藝沒問題，但若想打出名號，除了真材實料，還必須物美價廉，才能與那些已有名氣的糕餅店比拼。

「雞蛋餅乾」是建成珍的明星商品，也是阿聰師的拿手作品。由於那個年代沒有專業的養雞場，因此雞蛋十分昂貴，坊間多數的雞蛋餅乾都是以鴨蛋來取代，因為鴨蛋不僅便宜，香氣也更濃郁。

多年後阿聰師回憶道：「當年鳳梨酥裡面沒有鳳梨，是冬瓜；蘋果麵包裡面也沒有真正的蘋果，只有香氣。重點還是名字要響亮好聽，才會吸引人。」

而使用的鴨蛋數量深深影響著餅乾的味道，這時阿聰師想起自己剛畢業時曾在家裡幫忙養鴨，因此認識了許多養鴨人家，可以拿到比市價更便宜的鴨蛋。別人買十斤鴨蛋的價格，他可以買到十二斤，整整多了人家兩斤。

有了成本低廉的優勢，加上阿聰師對糕點的掌握，他決定強化雞蛋餅乾的特色，以「增加鴨蛋數量」來加重餅乾的香氣。加倍的鴨蛋再搭配特選麵粉，阿聰師心想：「這樣我的雞蛋餅乾就能比其他同業的更香更好吃。」

當時阿聰師不懂什麼叫利潤，只知道原料用好一點，蛋放多一點，就能做出更香更美味的雞蛋餅乾。對於決定要做的事情，阿聰師就會勇往直前去實踐，用憨直的態度做好每一件事，希望能獲得鄉民們的信任與喜愛。這樣的精神也貫徹了阿聰師的糕餅人生，使他以「為鄉親帶來實在且可口的糕餅」為己任。

合味香當時製餅用的模具

合味香使用的謝籃

喜事一樁又一樁，「爐主」來了

在沒有店面的日子，阿聰師每天做完餅乾後，就得趕緊載到大甲市區或苑裡鎮等海線鄉鎮的餅店販售。雖然生意漸漸穩定，但糕餅有分淡旺季，在那個經濟不好的年代錢並不好賺，也讓阿聰師深刻體會到「創業維艱，守成不易」。不過至少是為了自己美好的未來而努力，做起事來心裡也踏實許多。

做餅乾並不是只有手工揉捏而已，還必須每天待在柴爐旁，從一大早開始起火，在煙霧瀰漫的環境下工作。除此之外，因為經常需要用小火慢烘，因此整個工作環境幾乎都是在高溫狀態下作業，讓阿聰師時常揮汗如雨。

有一次阿聰師的媽媽來到店裡，一進到這個工作空間，她才知道原來阿聰師從當學徒開始，竟然都是在這麼惡劣的環境下工作。她不捨的掉下淚並對阿聰師說：「憨囝仔，這麼艱苦的環境，這麼熱的地方，你竟然還能堅持下去，實在太辛苦了！」

在那個樣樣都需要介紹人、保證人的時代，要改做其他行業真的沒那麼容易，而且阿聰師知道做任何事業都必須吃得了苦，耐得住考驗，才會有出人頭地的一天。

阿聰師的母親看到他這麼辛苦，忍不住跟他提及早在很久之前，他的舅舅就有來家中，提到有個親戚的女兒到了適婚年齡，希望可以幫阿聰師跟她作媒，牽起這條紅線。但當時阿聰師還在當學徒後來又去當兵，因此阿聰師的母親才暫時沒有提起。

「你現在已經創業了，每天都那麼忙碌，要做餅又要送貨，是不是該找個太太幫你看頭看尾，整間店才不會『前去後荒』，至少在你送貨時她可以幫忙看顧店內的大小事呀！」原本沒有意願的阿聰師拗不過母親的要求，只好答應去認識這位女孩。

第一次看見這位女孩時，阿聰師心中並沒有太多的感覺，只是掛念著店內是否有人訂餅，有沒有客人來，「生意」在這個時候對他來說才是最重要的事。但想起母親的叮囑，阿聰師才開始認真思考，在生意逐漸步上軌道的過程，除了學徒與來支援的朋友，似乎也需要一個好幫手在背後支持，讓忙碌疲勞的心能有個停靠放鬆的港灣。

「有錢沒錢，討個老婆好過年！」在兩人第一次見面後沒多久，就由雙方家長主導了這門婚事，決定在過年前結婚。婚後阿聰師與太太林昭治偶爾回憶起這段定親過程，兩人都覺得相當有趣，因為儘管當時雙方家長已經談妥婚事，但他們其實都還搞不太清楚未來的另一半是什麼樣子。

阿聰嫂說她本來並不想嫁給做糕餅的阿聰師，畢竟糕餅業幾乎是二十四小時備戰，七早八早就要起火熱烤爐，接著做餅、顧爐，是相當辛苦的工作，甚至比日出而作，日入而息的種田生活還累。但當時婚姻大事往往是順從父母之命，媒妁之言，因此阿聰嫂並沒有表達太多意見，只是順著命運往前走，這也是那個時代多數女性的宿命。

不過阿聰嫂的父母其實早已在默默的觀察阿聰師，他們發現這個孩子相當「古意」，而且刻苦耐勞。除此之外，他們還下功夫明查暗訪，打聽街坊鄰居對阿聰師的評價。曾任法務部長，現任陸委會主委的邱太三，當時就住在阿聰師隔壁，他的爸媽也曾向阿聰嫂的父母極力推薦阿聰師。

回想起這段回憶，阿聰師笑著說：「幸好我經常請鄰居吃餅，也都與人為善，才會給人家留下好印象，讓他們幫我美言幾句。」而阿聰嫂父母的判斷也沒有錯——結果證明，她嫁的就是一個負責任、肯打拚的好老公。

婚後阿聰嫂給了阿聰師精神和實務上相當多的支持與幫助，她每天上午早早起床煮飯，為阿聰師料理三餐與生活起居的大小事情，讓他能全心面對工作，沒有後顧之憂。更讓人感動的是，原本排斥辛苦糕餅工作的她，開始主動觀察來幫阿聰師的朋友怎麼帶學徒，怎麼做餅乾，她默默的學習這些技巧，一同協助店裡的大小事務。後來阿聰嫂經常守在爐子旁，幫忙取出烤好的餅乾，往後十多年，街坊鄰居甚至戲稱守護在烤爐邊的她是合味香的「爐主」。

幾十年來，夫妻倆難免有大大小小的爭執，但對於自己的太太，阿聰師心中始終滿懷著感謝。年輕時阿聰嫂儘管懷孕挺著大肚子，還是會幫忙炊麵龜，即使量再多，做到三更半夜，她也都陪伴在阿聰師身旁，做他最有力的靠山。許多個忙碌的夜晚，阿聰嫂都會叫阿聰師先去房間睡覺，自己則睡在工作台的木板上熬夜顧烤爐，因為貼心的她想到隔天一大早阿聰師還要去送貨，把做出來的成品載去給人家。阿聰師說：「說實在，她真的做了很多，也很有責任感。」在夫妻倆胼手胝足下，共同將這個家與這間店撐起來了。

阿聰師與阿聰嫂的結婚照

生意太好遭人妒，除夕夜狼狽搬家

有了「家後」以後，阿聰師身上的責任變得更加沉重，畢竟他得挑起養一個家的重擔，因此必須更努力賺錢。

合味香剛開幕的這一年，生意漸漸步上軌道，店裡的商品一開始以雞蛋餅乾為主，賣到中部地區附近的鄉鎮，因為真材實料所以口碑非常好。後來生意越做越大，北到頭份，南到大肚，東到后里，苗栗與台中的海線鄉鎮，苑裡、後龍、大甲、沙鹿等地區也都能買到合味香的雞蛋餅乾。

但既然開了餅店，就不能只賣雞蛋餅乾，街坊鄰居在婚嫁喜慶也會來詢問是否能訂做喜餅。阿聰師起初先是推託，不接喜餅的單子，但後來有人斥責他說：「一家餅店連喜餅的單都不接，是不會做嗎？那還開什麼餅店！」這對剛開幕的合味香不僅有損名聲，也讓阿聰師感到相當不服氣，因此他陸陸續續接下幾張喜餅的訂單。

那時店內只有阿聰師與阿聰嫂，加上兩三位學徒，經常忙不過來，重要節慶還得協調其他師傅來幫忙，店裡的空間更是越來越不夠。因此阿聰師開始思考要擴大營業，至少得有個正式店面，才能增加產品項目。

在國宅營業了一年多後，阿聰師租下大甲林氏貞孝坊旁順天路十五號的透天厝，合味香這才有了正式的店面。於是阿聰師開始擴張產品項目，除了原本的手工餅乾，他也依循大甲人的四季節氣、生活習慣，做出各式各樣的糕餅。過年做麵龜、鳳片龜；三月瘋媽祖，配合媽祖進香的活動；五、六月做夏天和端午的糕仔；七月開始進入中秋月餅的瘋狂趕工期；年底前則會有一波婚嫁喜慶，這時候忙著做漢餅、喜餅、酥餅以及麵包。一整年

合味香位於順天路時的包裝袋

都有不同的項目要做，再加上原本的雞蛋餅乾，店裡越來越忙碌。

有了店面後，合味香的生意蒸蒸日上，因為用料實在而比其他餅店更受歡迎，卻也影響到同業的生意。合味香對面原本就有一家餅店，也有販售合味香的餅乾，但兩間店開在同一條路上，多少會互相影響，因此對方開始削價競爭，打破大家原本講好的價格，硬是將賣價降了五角至一元。

過去糕餅店不一定只販售自家商品，彼此合作賣不同家的糕餅是相當常見的事情。一方面可以增加商品的多樣性，另一方面也可以小賺一點價差，因此大甲多數的餅店彼此都有往來。為了平衡價錢，大家對於漢餅的販售價格都很有默契，每台斤大概賣六、七塊，麵龜則在六塊左右，彼此各憑本事與口味抓住消費者。

削價競爭對合味香的影響很大，畢竟事業才剛起步，除了鴨蛋成本，其他原料和耗材費用都無法再降低，但又不好跟前輩鬧翻，因此阿聰師只能秉持著「與人為善」的態度，忍下這口氣。他深信鄉民們所品嚐到的口味，會決定他們最終走向哪一家店消費。儘管剛開始許多人都喜歡到低價的商店購買商品，但合味香的糕餅因為真材實料，師傅技術也比較高明，口感明顯勝出，因此業績不受價格戰影響反而扶搖直上。

在阿聰師與阿聰嫂結婚後的隔年，他們的長子吳生泉出生了，全家都沉浸在喜獲麟兒的喜悅之中。開業後的阿聰師漸漸賺進銀子，娶了溫柔嫻熟的妻子，生了可愛的兒子，一切看似一帆風順，他的房東卻突然找上門來，不是來道賀，而是告知他房子即將轉手，要求他在除夕前搬走。

原來阿聰師的房東恰好是對面糕餅店老闆的親戚，他們早就對合味香開在這裡頗有意見，不斷慫恿房東不要將房子租給阿聰師。起先房東還無動於衷，但他後來投資失利，經濟出了問題，糕餅店兄弟便見縫插針，向房東表示可以買下這間房子，而且要求在過年前完成！

阿聰師的事業才剛起步，在這裡也穩定做了一年多，爐子、設備、工作台等等都設定完成，一切陸陸續續步上軌道，卻在寒冷的年底突然遭逢這樣的變化，他當然不能接受。

「至少等到過年後再說吧！」阿聰師希望房東多寬限一點時間，但對方完全不接受他的請求，強硬的要求他在規定時間內搬走，甚至還找來凶神惡煞的道上兄弟到店裡，不只喝斥阿聰師威脅他趕緊搬家，還坐在工作台上賴著不走，讓一家人陷入緊張害怕的情緒中。

阿聰師知道房東要賣房子時，也曾表示為什麼不先詢問身為房客的他，或許他有能力，或是可以向父母、親戚朋友借錢，直接將房子買下來。但房東卻說：「你們家常常在淹大水，怎麼可能有錢買！」

聽到這句話，阿聰師的腦袋嗡嗡作響，彷彿被狠狠打了一巴掌。他隨即告訴自己，雖然自幼家窮被別人瞧不起，但也不能失了骨氣。

回到家中，他把被房東刁難，必須搬家的事情向父母說明。阿聰師的媽媽儘管不捨，卻也無能為力，只能輕輕的對阿聰師說：「兒子啊，你現在就像日頭剛升起，既然人家把房子賣掉，也只能算了，把房子還給人家吧，我們再另尋他處。爸媽因為家裡常淹水，實在沒有錢幫你，我們就認分點、拚命點，搬一搬吧！」

聽完母親的一席話，阿聰師認清自己確實就像剛升起的太陽一般，才正要往高峰邁進，糾結在這種沒辦法扭轉的事實也沒有意義。他只能含著淚、咬著牙，期許自己更努力，讓全家人在未來都不會被看輕，並且在社會占有一席之地。

在這艱難時刻，除了母親的當頭棒喝，還有父親的雪中送炭。阿聰師的父親瞭解在這樣的困境中，必然需要一筆費用來打理所有事情，他也清楚阿聰師在家鄉沒有太多的人脈、資源，可能會有資金轉不過來的問題。於是他出面聯絡親友起了一個會，用標會的方式，由阿聰師當會頭，籌措了一筆周轉金，讓阿聰師能處理搬家以及新店面的大小事情。

終於，在幾經尋找後，阿聰師在文武路四十七號租下了新店面，不過店裡的水電等基礎設施都還沒設定完成，所有的工作又得等到過年後才有辦法到位，等於會有一段不小的空窗期。許多人因此幫阿聰師居中向房東協調，希望對方可以寬限一段時間，甚至連電力公司的主任都出面替他向屋主說明，表示新房子那邊最快也要農曆正月、二月才有辦法供電。無奈房東還是相當強勢，完全不願意讓步，讓阿聰師也無可奈何，只能抱著襁褓中的孩子，在除夕當天拜完天公後搬離順天路，開始新的生活。

一重重困境中逐漸成長

民國五十八年的過年，阿聰師一家三口被迫搬到文武路四十七號。站在亂七八糟的房子裡，望著倉促搬過來的設備、原料及堆滿雜物的箱子，阿聰師只能靠在牆壁上發呆。

「匆匆忙忙被趕過來，腦袋一團亂根本毫無頭緒！房子的水電至少還得等半個月才會陸續接上，到底要怎麼規劃店面和工作台？我真的不敢想像還要多久才能恢復原來的狀態重新做生意。」阿聰師越想越無力，他沿著牆面向下滑落跌坐在地上，眼神對到了在嬰兒車裡玩耍的大兒子吳生泉，這時他突然醒悟了！

「開店不就是為了改變從小到大的窮困生活嗎？不就是為了讓我們一家

人安穩的生活下去嗎？我怎麼可以被這一點困難擊倒！人生就是一道道的考驗，怕什麼？我的手腳都健全，有困難就跟它拚了！」

阿聰師明白自己沒有太多時間悲傷，積極面對才是解決問題的唯一辦法。畢竟日子過一天就少賺一天，他必須打起精神與時間賽跑，讓瞧不起他的人刮目相看。於是他捲起袖子與阿聰嫂共同打拚，重新規劃合味香的新店面。

雖然搬好家，店也重新開幕了，但麻煩卻還沒有結束。在阿聰師搬到文武路四十七號的那年，稅捐處的承辦人員突然找上門，表示按照規定，合味香必須提高每季繳納的營業稅。

阿聰師為此感到十分困惑，「如果我今天賺的比較多，那繳多一點稅合理。但我現在是從比較大的店面被迫臨時搬到比較小的店，不僅陳列空間變小，也因為倉促搬家導致營收受到影響，怎麼反而需要多繳稅呢？」

被同業攻擊、被迫搬家，好不容易度過最混亂的時期，一切終於就定位，卻又被通知必須調漲稅金，這對阿聰師來說無疑是再次的打擊。「店裡還要養師傅與學徒，龐大的經營壓力已經讓我幾乎喘不過氣，這時候政府又突然要調漲稅金，這怎麼受得了啊？」阿聰師無奈的說，他不知道自己還有多少心力可以撐住這家店。

「合味香搬完家後才剛起步，現在又遭逢巨變，我到底該何去何從呢？」輾轉反側一夜的阿聰師決定主動出擊，隔天一早直奔位於沙鹿鎮鹿寮的稅捐處。

沒想到稅捐處的公務人員不僅無法妥善解答阿聰師的疑惑，反而一再答非所問，官僚心態與互相踢皮球的狀況讓阿聰師感到心寒，但他知道自己不能坐以待斃。「如果不爭取，未來遇到任何困難都只會逃避隱忍，這樣該怎麼把生意做大？又怎麼能把事業做成功？」他心想。

於是阿聰師大聲的說：「既然你不能決定，那叫你主管出來吧！」工作人員卻回：「主管現在不在。」阿聰師認為不能就這樣放棄，這時他剛好看見之前送公文來的承辦人員回來，於是便質問對方：「你們到底是憑什麼標準來漲我的營業稅？」然而就連承辦人員也說不出個所以然來。

阿聰師忍不住提高音量問：「還是你們是要紅包？因為我沒有給紅包才這樣刁難我。」一聽到「紅包」這個詞，承辦人員瞬間緊張的回覆：「沒有啦！其實阿伯你只要去找代書來說明一下，寫個陳情書或公文，我們就可以幫你往上報，來解決你的困擾。」

聽到這裡，阿聰師的心情稍微平緩了下來，心中暗忖著該如何解決這突如其來的問題，儘管有再多的情緒，還是先把事情處理好為重。離開稅捐處後，阿聰師趕緊找了比較熟悉的代書幫忙，這件事就在對方的協助下，發了公文給稅捐處，走完陳情與申請程序後順利解決了。

面對困難與挑戰，阿聰師已不再是當年那個只懂得隱忍的小伙子，而是選擇正面對決，想辦法突破困境——正是這樣不屈服、不放棄的個性，造就了合味香後來的巔峰。

肆／

合味香破繭而出

合味香破繭而出

大甲奶油酥餅的發明者——阿聰師

很多人來到台中大甲，沒有買一盒奶油酥餅就覺得渾身不對勁，彷彿這是來這裡拜拜以外的另一個儀式。而這個人手一盒的伴手禮，其實是阿聰師的發明。

民國五十九年，隔壁的歐巴桑來到合味香跟阿聰師聊著她女兒與未婚夫的故事。「他們兩人都在三和塑膠工廠工作，最近孩子們想要回來自己開業做皮包，但要先完成終生大事。雙方談婚事時講到訂婚需要的喜餅，我就突然想到你！」歐巴桑告訴未來的親家大甲鎮上有一間最好的餅店叫「合味香」，這家店的糕餅料好實在又美味，喜餅交給它絕對沒問題。

歐巴桑對著阿聰師說：「我女兒的訂婚大餅就交給你了喔！但我跟你說，我不想要傳統的狀元餅或是一般的大餅，咱大甲的酥餅能不能做的跟台中的太陽餅一樣鬆軟好吃？」

聽到這樣的要求，阿聰師的眼睛亮了起來。一方面受到肯定讓他感到相當開心，另一方面他在台北與台中都學過做餅，看過許多不同的糕餅，因此一直想跳脫過去傳統作法，做出口味獨特的作品。眼前這不就是一個好機會嗎？既能挑戰自我，又能完成歐巴桑的託付。於是阿聰師挺起胸膛充滿自信的對歐巴桑說：「妳找對人了！我之前在台中當學徒，妳要的太陽餅那種口感跟味道我知道。不然我試做給妳吃吃看，妳感受一下看口感跟台中的太陽餅相不相似，喜歡再跟我訂！」

等歐巴桑回去後，阿聰師便開始著手研發對方想要的那種餅。台灣傳統大餅的製作過程中，多數師傅會因為市面上油跟糖比較昂貴，進而降低二者的用量，讓麵粉的比例相對高，因此吃起來口感就會比較硬。至於餅的酥軟程度，就得看每個師傅的功夫與手勁了。而傳統的酥餅及太陽餅，有的店家會以豬油製作而成，雖然有著豬油的香氣，但偏向大眾口味，無法有令人驚豔的感受。

為了改變與創新，阿聰師模仿太陽餅的酥鬆與甜蜜，讓餅的外皮跟椪餅一樣蓬鬆，並改良傳統酥餅，加上了麥芽餅的內餡。另外餅嚼起來的香氣，也會影響整體的氣息。阿聰師想起因為美援的關係，台灣來了許多傳教士，他們會準備奶粉、鹽或奶油，分配給鄉村的居民們。教會給的這種荷蘭或澳大利亞進口的 Allowrie 奶油是最純粹的奶油，不只價格高，數量也非常稀少，一般家庭較少使用或是根本捨不得吃。但這種奶油香氣馥郁，散發著濃甜奶香，聞起來讓人沉浸在幸福之中，最適合用在這次的糕餅製作。

於是阿聰師向附近居民以及餅店收購了三公斤的高級奶油，用這種最好也最原始，甚至遠比乳瑪琳還高級的奶油做酥餅，希望能讓吃到這塊喜餅的親友一同感受新人的喜悅。

經過數天的反覆實驗與搓揉拍打後，阿聰師終於做出一款帶有迷人香氣的酥餅，於是他便趕緊邀請歐巴桑來試吃。沒想到歐巴桑吃完後驚為天人的大嘆：「這根本贏過台中的太陽餅，怎麼那麼香啦！口味比太陽餅還讚！

這麼好吃的餅怎麼做那麼小塊，我要大一點的吃起來才過癮，也比較符合喜餅要大方好看。你幫我做兩百五十斤的這種酥餅！你真的有夠厲害，我說了你就能變出來，我真的沒找錯人！」歐巴桑相當興奮的稱讚阿聰師。

能獲得歐巴桑的訂單與肯定，讓阿聰師感到非常開心，不是因為即將有錢入帳，而是合味香研發的第一個產品「奶油酥餅」誕生了，而且獲得顧客的喜愛，這對阿聰師來說是非常重要的里程碑。「這代表我的技術是優秀的，想法是可行的，才能創造出讓顧客滿意的新商品。」阿聰師說。

為了配合歐巴桑的需求，阿聰師調整了酥餅的大小，將奶油酥餅做成一大塊，並用一斤裝的塑膠袋包裝起來。不同於以前販售一袋六塊裝的餅，因為歐巴桑想把餅做大，貼心的阿聰師想到了「四」這個數字不吉利，因此決定一袋裝五塊餅，再印上大紅色底燙銀字，上面寫著「大甲名產 奶油

B

A

A－奶油酥餅的包裝袋，上面印著大大的「囍」字。

B－當年每包奶油酥餅中都會放一張標籤，阿聰師覺得這有宣傳的效果。

酥餅「合味香食品行」幾個大字，以及合味香的地址與電話。就這樣，全台灣第一包奶油酥餅就從合味香賣出了。

阿聰師考慮到自己是第一次量產這個新產品，而且訂婚用的喜餅絕不能有任何瑕疵，為了避免做壞或是烤出來變形，他特地多做了五、六十斤的奶油酥餅備用。每一包餅都是五塊裝，秤起來足一斤，也都放上紅色的奶油酥餅標籤。當歐巴桑要的兩百五十斤交貨後，阿聰師便將多做的奶油酥餅擺在店門口的櫥窗裡販售，沒想到開賣後大受好評，所有的餅不到兩天就被一掃而空。

「哇！嚇死人，奶油酥餅才兩天就賣完了！」阿聰嫂訝異的說。「很快賣完，那我們就再做啊！」阿聰師笑著回應。

看到銷量超乎預期，其實阿聰師自己也頗為驚訝，但更多的是喜悅。人生中第一次勇敢嘗試就大受歡迎，讓他相當振奮，也對自己的手藝更有信心。往後若有人來訂製喜餅，阿聰師便會多附幾包奶油酥餅給對方，或是在喜餅禮盒加入奶油酥餅的選項，使喜餅的樣式與選擇更多元，也因為是特別又好吃的明星商品，往往讓送出喜餅的主人家更有面子。

隨著奶油酥餅在海線逐漸受到歡迎，大甲街上有一些敏銳度高或技術優異的糕餅店也開始製作奶油酥餅，香氣、口感每一家各有不同，也都有其獨特滋味。久而久之，許多來到大甲拜拜的信眾都習慣買一盒奶油酥餅，也因為這是其他地方沒有的好味道，不知不覺就變成了大甲最熱銷的商品。

面對同業的模仿，阿聰師其實一點都不在意，甚至覺得這是值得開心的事情，因為這代表這項產品不只有顧客喜愛，還受到同業的認可，能達成如此全面性的影響力，才是真的成功。阿聰師的觀念是「有競爭才會進步」，如果因為自己研發的餅，讓大環境能夠往好的方向前進，自己的糕餅店也會變得更好。大甲，不就是因為媽祖與奶油酥餅才成為大家爭相朝聖的旅遊勝地嗎？面對這樣的風潮，阿聰師感到相當驕傲。

扭轉合味香命運的祕密武器

民國五十年代，台灣產業因為石油危機及現代化有了相當大的轉變。在工業發展的經濟環境下，愛讀書的阿聰師吸取到更多不同於以往的知識與觀念，他知道世界已經不一樣了。傳統糕餅店雖然可以繼續經營，但競爭力會漸漸下降，如果手工製作的糕餅能有機械輔助，將會大幅提升效率，也能有更多變化。因此，阿聰師在開業後經常注意食品展的相關訊息，有時候也會前往展場參觀並索取產品型錄，還會閱讀日本出版的製菓、麵包製作等相關季刊，讓自己的觀念與專業知識與時俱進。

當時台灣還沒有世貿中心，所以重要的大型商展都會在松山機場的大廳舉辦。阿聰師時常去參觀食品展或相關的商展，從生產、包裝的機台，到原料的種類及產品，他都會努力深入瞭解。阿聰嫂經常唸他：「你沒錢去看什麼？沒有錢買，光看有什麼用？」儘管如此，他仍持續積極的參加商展，從中汲取相關知識。他知道自己在食品機械化的路上，就像一個幼稚園小朋友般，對這些內容或技術都一知半解。但既然身處食品業，這類型的資源、產品，都應該去摸、去看，學習新的知識才能跟上時代，也才可能為自己的糕餅店找到新的突破口。

有一次阿聰師看到雜誌在介紹一台半自動的擠花機，它可以將調好的麵糊擠成猶如菊花般小巧可愛的模樣。阿聰師緊抓著雜誌並瞪大雙眼，「這就是我要的機器啊！以前當學徒時，花了很多時間才擠出少少的菊花餅，十分沒效率。這也導致菊花餅雖是大眾普遍喜歡的餅乾，全台灣卻沒有人在做，因為需要用手擠很費工，對烘焙師傅的負擔也很大。若有了這台機器，不但能提升效率，甚至可以大量生產，而且烤出來的餅乾將有更多造型，跟傳統用模子印出來的單調形狀會有很大的不同，這就是我一直期待的『傳統糕餅，創新感受』啊！」他心想。

阿聰師知道這台機器將成為創造合味香新藍海的祕密武器，「量產」與「創新」會是成功的重要關鍵。因此他立即想辦法聯絡在日本留學的叔叔，請叔叔幫忙與廠商聯繫，以獲得報價和機器的完整資訊。

讓阿聰師感到頭痛的是，這台機器全自動的竟要價上百萬元，半自動的也要數十萬元！儘管合味香的生意越來越好，但他一時半刻仍拿不出那麼多錢。加上阿聰師夫婦一直在尋找適合開店的新店面，在看到機器資訊的當下，他們才剛下訂台中烏日酒廠旁萬和路的土地，並付了兩萬元訂金。

即便手上的資金不充裕，阿聰師仍認為這台擠花機會是他事業的重要轉捩點，於是在幾經思量後，他毅然決然的放棄了兩萬元訂金。雖然感到心疼，但阿聰師告訴自己：「損失兩萬元又怎樣，我相信擠花機可以為合味香創造更多的兩萬元！它能做出來的餅乾是台灣目前非常少見的形式，其經濟效益必然高過土地。這是一個扭轉合味香的好機會，如果不把握，我永遠只能是每天揉麵粉的糕餅師傅，無法脫穎而出。盛香珍、掬水軒、義美都走在很前面，他們就是不斷的創新，而且讓餅乾以機械化的方式生產，才能增加產量，有更高遠的成就。」

當時兩萬元可不是一筆小數目，但阿聰師要面對的不只是創新，而是來勢洶洶的知名大公司，因此他知道不能再以保守的思維來經營餅店。「現在合味香面對的是非常現實的問題，奶油酥餅、雞蛋餅乾雖然都是受歡迎的主力商品，但是當今大公司的行銷手法、出產量能都遠遠超過我們。最近市面上熱賣的『孔雀餅乾』味道跟我的『雞蛋餅乾』十分接近，孤注一擲在這個產品是很危險的。如果不持續創新，以機械化增加產能，合味香早晚會被這些大公司打倒！購買機械化設備是勢在必行，這是『非做不可』的決定！」

做餅那麼多年，阿聰師知道這是一個好時機，必須把握這個扭轉糕餅事業的機會。於是他咬著牙去借錢與標會，努力許久才湊足五十多萬，並向廠商訂購了半自動的擠花機。

透過叔叔的溝通，阿聰師才知道原來擠花機的製造廠商也是以糕餅業起家，深知擠花這個動作相當耗時費工，才發明這台機器。日本廠商的負責人聽到台灣的糕餅師傅要購買擠花機，甚至表示願意專程來一趟台灣，不但能幫忙組裝機器，也願意將他們在日本製作的原料及比例都傳授給阿聰師，但前提是阿聰師要支付他們來台灣的費用。

「開什麼玩笑！我都已經負債了，哪還有多餘的能力幫他們出旅費？」到處借錢、籌錢，而且才剛被沒收兩萬元土地訂金的阿聰師，基本上已經沒有任何現款了，因此不管是廠商來台灣，或是自己親自飛去日本，都是他目前無法負荷的。但機器的使用方式與原料調製的技巧都非常重要，若沒有軟體知識，光有機器也沒用啊！這讓阿聰師陷入相當為難的局面。

好在透過叔叔在日本積極與對方協調，日本廠商理解阿聰師的難處後決定退讓，同意提供一本使用說明書，在裡面詳細的記載這台機器的原理、組裝順序與各種使用方式，就連糕餅師傅最在意的配方也在叔叔的交涉下，仔細的紀錄在書裡。

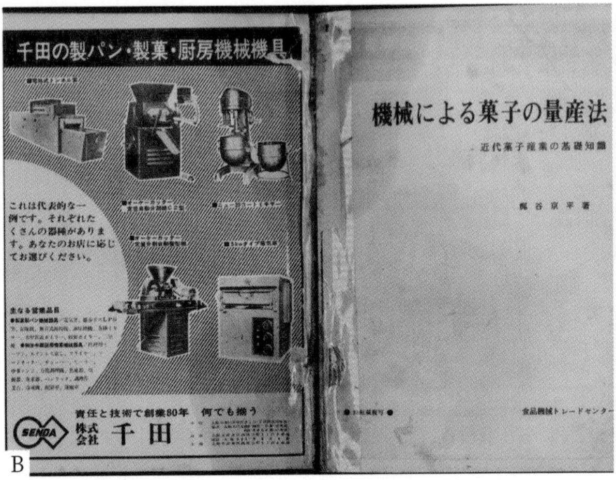

B

A

A －擠花機說明書的封面，此書於 1968 年出版，阿聰師在 1972 年收到。這是本多樣化的著作書，說明得非常清楚。

B －雖然日本廠商已傾囊相授，但阿聰師還是在反覆實作中找到更適合的原料。

千呼萬喚始出來的開心奶酥

當擠花機從日本抵達合味香後，滿心期待的阿聰師就像等著拆開禮物的小朋友，他依照說明書的指引，按部就班的將機器組裝起來，但這不是最困難的，關鍵還是在做出來的餅乾外觀及口味。阿聰師依照日本廠商提供的原料比例調出配方，做出了第一批菊花餅乾。美麗的折線與剛好能一口入嘴的大小，優雅、小巧，猶如一朵綻放的美麗菊花，讓他相當滿意。

阿聰師除了自己試吃以外，也將這批剛出爐的小餅乾分送給街坊鄰居，沒想到卻收到負評如潮。那個曾經委託他做奶油酥餅的歐巴桑咀嚼了幾口後，表情變得越來越複雜，她驚訝的對阿聰師說：「這是什麼餅乾？怎麼這麼難吃！你要賣人喔？不要開玩笑啦！」

不只是歐巴桑，其他鄰居也一面倒的給出激烈差評，讓阿聰師相當沮喪。他不理解自己完全按照日本廠商提供的配方與比例來製作，怎麼餅乾的味道會如此怪異。但機器都買了總不能放棄，幾十萬可不是開玩笑。阿聰師眉頭一皺，心想：「既然官方資料所配出來的餅乾味道不佳，就只能靠我自己的經驗來調整原料與配方了！」

為了做出能讓大家接受的餅乾，阿聰師從原料開始檢討。他特別參加相關的專業課程，並看書汲取大量知識，這才發現問題有可能出在使用的「油」。做餅乾的豬油、牛油、奶油各有不同口味與用途，做出來的餅乾味道也有著極大的差異，光是台灣廠商出產的奶油品牌就非常多，每一家雖然都叫奶油，但嚴格來說卻是不同種類，彼此間的香氣、濃郁程度、口感甜鹹也都不一樣。

大致瞭解油的種類後，阿聰師還特別透過關係，前往統一、南僑等食品公司拜訪製油的師傅，向他們請教各種油品製作的原理、製程與差異。阿聰師如神農氏嚐百草般，不斷的測試多種原料與不同比例的配方，就這樣花了整整一年，在他的堅持不懈下，終於做出讓街頭巷尾都能接受的西式小餅乾，並受到大家的喜愛與好評。

以前阿聰師做這種餅乾的時候，大家都叫它「空心餅」，但因為「空心」這個詞不好聽，因此也有人以「像菊花盛開一般」來命名它為「菊花餅」，剛開始販售時，阿聰師就以「菊花餅」來當作商品名稱。隨著生意越來越好，當時少數幾家西式喜餅店也開始模仿合味香，讓菊花餅成為西式鐵盒喜餅的固定班底。

為了讓這個餅乾有個更喜氣且特別的名字，阿聰師看著中間空心的圓心想：「它的樣子就像開口笑般開心。可口奶滋那麼多人買，廣告又打的那麼大，也是人氣商品，應該可以參考一下它的命名。既然它叫『奶滋』，我的菊花餅是奶油做的，就叫『奶酥』吧！可口奶滋十分可口，吃了就會很開心，那我就叫『開心奶酥』吧！」

研發開心奶酥的過程，讓阿聰師發現糕餅知識可說是無垠無涯。過去他待過許多家糕餅店，跟著師傅們學習不同的技術，也閱讀了國內外的各種雜誌，對於傳統糕餅的製作方式早已相當熟悉，閉著眼睛都能做出好吃的漢餅，烤出美味的雞蛋餅乾。但因為手工與機械的配比、原料做出來的產品口味差異極大，因此他只能重新拾起書本，向更多不同領域的師傅請益。他這才瞭解到自己過去學會的只是技術而非知識，若想要進步，就得拿出更積極的學習態度。

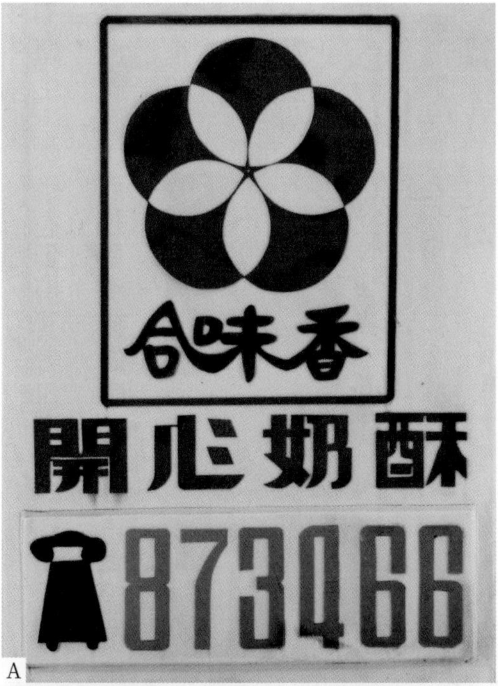

A 一合味香的招牌
B 一明星商品開心奶酥的包裝標籤

這段不斷閱讀、反覆試驗的研發過程讓阿聰師樂在其中。產品從他的手裡誕生，然後送到消費者口中並受到大家的喜愛，這些帶給阿聰師的不只是成就感，而是更深刻的感受到自己存在的價值。這是他人生中的起步，也是他最開心、幸福的時刻。

開心奶酥帶來人生第一個巔峰

開心奶酥開始量產以後，原先只有在合作的糕餅店或雜貨店鋪貨，沒想到上架後備受好評，成為地方媽媽瘋狂搶購的熱銷商品。原因之一在於當時西式餅乾較少見，且開心奶酥除了香氣足、鬆脆好吃之外，體積大小放入嘴中份量剛剛好，很容易一口接著一口就吃完了，因此廣受消費者的青睞。

而開心奶酥中空的外型，非常適合串成一串掛在滿四個月的新生兒的脖子上，成為「收涎」活動中傳統糕餅以外的另類好選擇，因此獲得了「收涎餅」這個暱稱。開心奶酥就在街坊鄰居的口耳相傳之下，逐漸變成合味香的明星商品。

為了讓餅店能多角化經營以獲取更多收益，阿聰師將合味香從本來單純販售自製糕餅的餅行，轉變成食品行的經營模式，除了販賣自家商品以外，也賣民生需求的罐頭、餅乾等。這是當時餅店常見的經營方式，店面是雜貨店的形式，販售著一般民生用品，加減賺取收入來貼補家用。而製作糕餅的工廠則是收入主力，裡頭往往塞滿了師傅與學徒，多雙忙碌的手努力製作著各式各樣的糕餅。

A

B

A －開心奶酥，又稱收涎餅。
B －收涎餅掛在嬰兒脖子上，美觀、好吃，又有意義。

長期與合味香合作的上游廠商，供應著店內所需的原料與店裡的罐頭、餅乾，雙方往來相當密切。當阿聰師製作出開心奶酥的時候，廠商也是試吃部隊的一員，沒想到竟一試成主顧，愛上了這一味。而商人的敏銳嗅覺讓他知道這項商品一定有市場，又觀察到開心奶酥在海線鄉鎮受到高度歡迎，於是便在民國六十五年向阿聰師提出成為台中代理商的請求，希望可以將開心奶酥鋪貨到台中縣市的各區與鄉鎮。

這讓阿聰師相當猶豫，因為他平日的工作量真的不小，每天除了製作店內的餅乾，還要到處送貨。儘管告訴自己只要努力賺錢就能給家人更好的生活，但久了身體還是會累的。而且阿聰師看見孩子們寫的日記或作文，都在訴說他們眼中的父親相當辛苦，每天總是忙於工作，不是在做餅就是去送貨，很少有時間可以陪伴他們，有時候一天甚至見不上一面。

「幸好孩子們很乖，下課或是假日都會跟我去送貨，幫忙把一箱箱的餅乾從車廂深處搬到車邊，讓我方便下貨，但我總是因為忙碌而犧牲了陪伴孩子的時光。」想到這裡，阿聰師感到心頭有點酸。

幾經思索後，阿聰師同意交出代理權，讓原料商幫他鋪貨到台中市區。結果證明這是個相當正確的決定，開心奶酥因為代理商的牽線，大步跨進整個台中縣市，甚至打入當年台中市中區最熱鬧的指標——遠東百貨。這是一家位於最精華地段自由路上的百貨公司，一直是台中市的重要地標，它與龍心百貨共同代表台中市流行與商業的指標。百貨每天開店所帶來的人潮經常將道路擠得水泄不通，更讓開心奶酥賣到供不應求，這也是合味香開店以來的高峰。

此後，開心奶酥不再侷限於傳統餅店，而是連流行前線的百貨公司，都能看到它與合味香其他商品的身影。開心奶酥的銷售量與知名度瞬間直線上升，吸引了更多廠商前往大甲向阿聰師爭取經銷權。

開心奶酥的旋風一路從台中吹到南部，就連阿聰師在台南、嘉義的友人也都找上門來，拜託他授權代理這兩個縣市的銷售。開心奶酥突然大受歡迎是阿聰師始料未及的情況，儘管製作量能已經相當吃緊，但重感情的他難以拒絕朋友的盛情，便答應了他們的請求。後來還有其他縣市的廠商也希望與他合作，但阿聰師為了管控生產品質，加上短時間內很難再突破產量，最後只能忍痛婉拒。

開心奶酥在全台造成轟動後，為了增加產量，合味香變得越來越熱鬧，設備也越來越齊全。除了阿聰師夫婦之外，還陸續聘請了幾位學徒負責打蛋、攪拌、擠壓、烘烤，另外還有三五名女工負責包裝，整間餅店從早忙到晚，幾乎無法停歇。民國六十六年，舊式電爐與一台瓦斯爐的烘烤速度已無法負荷餅乾的需求量，因此阿聰師引進了速度較快的隧道爐。只要將餅乾放進軌道中，就會由皮帶帶進烤爐，而軌道移動的速度也關係著餅乾的受熱時間，所以不用再被動的等待，製餅速度也會加快。

糕餅師傅用的烤爐有相當多種，每一種都有不同的使用方式，適合烘烤的溫度也各有差別，並非體積大或是快速就是最好的。糕餅師傅都知道「做餅師仔，烘餅師傅」這個道理，不是會做餅就代表學成出師，真正有高超技術的師傅必須懂得烘烤的技術，像是溫度高低、烘烤時間等等，這一切都是經驗的累積。阿聰師所做的傳統漢餅、雞蛋餅乾和開心奶酥，就是靠著多年的經驗，加上一次次不厭其煩的測試，才能做出最好吃、順口的味道。

合味香在人員到位，隧道爐也建置完成後，每天都能量產三千包餅乾。雖然這個數量看似非常龐大，但全台還有多個縣市在等待鋪貨，因此需求量勢必會持續上升。阿聰師不斷的思考該如何擴增產能，開心奶酥受歡迎的程度已遠遠超越他的預期。為了穩住市場需求，阿聰師只能逐漸減少其他餅類的製作，全力支應開心奶酥的供貨量。

開心奶酥的銷售盛況，也讓阿聰師想起當年放棄土地訂金買下擠花機時，認為這台機器所帶來的效益會遠超過損失的兩萬元。「每次寄出一百多箱產品，隔天隨即銷售一空。每箱給經銷商的金額是三百五十元，一天的營業額就是五萬兩千五百元以上，早已超過當初損失金額的千百倍。而且依照目前的銷售狀況，收益只會持續成長。」想到這裡，阿聰師不禁露出欣慰的笑容，也證明了當時的堅持是正確的。

師法自然的好味道

開心奶酥暢銷的原因，除了透過代理商拓展通路，以及適時更新設備來增加產能外，最重要的祕訣是阿聰師「師法自然」的堅持。這看似簡單的原則，卻是從奶油酥餅到開心奶酥都能熱賣的關鍵。

曾經有一位歐巴桑到店裡開心的跟阿聰師分享：「齁！大甲竟然有這麼好的東西，既好吃又天然！我跟你講，我吃什麼零食都會過敏，國內外的各種品牌都一樣，只有你們的餅乾我吃了都沒事。大甲竟然有餅店可以做出這麼棒的東西，讓我能痛快的吃。哇！我已經好久沒那麼開心了！」歐巴桑滔滔不絕的講了一長串。

阿聰師被她激動的模樣嚇到了，但看對方很喜歡自己的商品，他便露出喜出望外的笑容並倒了杯水給她，繼續聽她娓娓道來。

「之前參加我孫子的收涎儀式，親家母買了整盒的『收涎餅』。由於餅乾的中間有一個洞，整串串起來剛好可以掛在小朋友的脖子上，對收涎儀式來說蠻方便的。儀式結束後，大家就將餅乾分一分吃了，我也吃了一塊，味道真的不錯，大小也剛好能一口咬下，一時之間我竟忘了自己的過敏體質，就這樣一口接著一口。吃完後，原本以為我又要開始過敏了，沒想到幾天觀察下來完全沒問題，這表示你們的東西夠乾淨，很天然！咱大甲竟然有這樣的餅店，我之前都沒注意到，所以我今天專程循著標籤上的地址來看看，看是誰那麼厲害，可以做出這種餅乾。」

而這也是阿聰師的堅持，他最在乎的，就是產品的品質。長期以來，阿聰師不太願意放進太多不必要的添加劑。歐巴桑之所以不會過敏，就是因為開心奶酥只用了麵粉、糖、油、蛋和奶粉這些最原始的原料，純粹是靠師傅的專業技術將麵粉打發，因為只要有技術，根本就不需要添加膨鬆劑或是阿摩尼亞。阿聰師寧可製作過程麻煩一點，也要確保商品都是天然的，讓客人能安心的吃，享受自然的美味。

「這不就是開心奶酥的真諦嗎？讓人吃了會開心的奶酥。糕餅真的有很驚人的魔力！」阿聰師笑著說。

面對顧客的眾多好評，開心奶酥創下驚人的出貨量，但阿聰師仍每天忙進忙出、省吃儉用，因為他知道不能因此而自滿。阿聰師在內心提醒自己：「目前開心奶酥帶來非常好的營收成績，但不知道會不會有一天就煙消雲散。」他知道唯有維持動能，不斷的創新與研發，才能讓合味香走得更長久。就是這樣謙卑且積極的態度，讓阿聰師打造出一個個傳奇商品。

伍／

蒸蒸日上的糕餅事業

蒸蒸日上的糕餅事業

穩定事業後找「起家厝」

阿聰師除了在產品上努力創新，避免喪失競爭力，「房屋問題」也是他一直想解決的困境。

阿聰師開店初期是租用親戚的國宅，但這位親戚三不五時便會到店面巡視，東翻西看，對於店裡面的規劃或是裝潢也頗有意見，還會不斷提醒阿聰師不要弄髒房子，讓他有種寄人籬下的感覺。後來搬到順天路又被房東惡搞，被迫在大年夜時徹夜搬家。這種被人催趕、漂泊不定的境遇，使阿聰師不斷提醒自己：「從小被人欺負到大，我不想再被欺負了！現在有了自己的店，收入也漸漸穩定，我一定要拚命賺錢，努力打造出屬於自己的店面和廠房，還有讓我的家人可以遮風擋雨，不會被趕來趕去的『家』！」

隨著生意越來越好，開心奶酥的需求量也日益增加，相對的店裡堆放原料、設置機器、師傅的工作空間，還有臨時工的包裝空間就顯得不足。阿聰師心想：「看來得趕緊找一間更大的房子了！」

若能就近拓展店面及工廠，自然是比較方便的。而合味香的對面剛好就是代書行，許多不動產業務忙完以後都喜歡來店裡坐坐，一個經常上門的歐吉桑仲介看到店裡擠得水泄不通，就跟阿聰師推薦「文武路三十二號」

的店面，位置剛好就在合味香對面，正符合阿聰師的需求。但沒想到一問報價，歐吉桑一句「不貴，三百三十萬」，讓阿聰師嚇了一大跳！當時家裡有百萬元都算大富翁了，更何況是對於白手起家的阿聰師。就算奶油酥餅再暢銷，開心奶酥賣到供不應求，他的存款還是不夠付頭期款啊！

「太貴了啦！我一塊海綿蛋糕也才三、五塊錢，一斤大餅也就八、九塊錢，我要做多少個海綿蛋糕跟奶油酥餅才買得起？這個價格不合理啦！」阿聰師直接跟歐吉桑明說。

就算這位歐吉桑說：「少年仔，你有那個身價啦！」阿聰師也只能對他投以苦笑。阿聰師知道以自己目前的條件是無法購買這間房子的，於是他只能放棄並繼續尋找其他地點。

民國五十四年台化在彰化成立，許多台中縣市的民眾便跨越大肚溪到彰化定居，進而帶動一波發展。阿聰師也在親戚朋友的建議下，看了幾個新推出的透天厝建案。

他過去從沒想過要離開大甲、大安這個海線區域，但大甲的房價動輒數百萬元，若要購買將得背負相當大的經營壓力，因此阿聰師與阿聰嫂數次前往彰化，來瞭解當地環境與發展潛力。幾經權衡後，阿聰師最後以九十幾萬元買下彰南路上一間六十多坪的全新透天厝，它不僅室內空間廣闊，旁邊還有一塊大空地可以運用，價錢卻不到大甲那間房子的三分之一。

雖然準備前往彰化所要面對的未知數，讓阿聰師心中有種不踏實的感覺，但至少在金流風險上，壓力相對小很多。正當他以為塵埃落定，要開始規劃新店面的設備時，大甲這邊卻有意想不到的狀況發生了……

那位原本要阿聰師用三百三十萬買下文武路透天厝的歐吉桑仲介帶來一

個重磅消息：「你有機會用比較低的價錢買到附近那棟樓了！」原來，一開始文武路三十二號與三十八號都是開價三百三十萬，但三十八號的屋主北上時與兒子、媳婦發生衝突，回來後就嚷嚷著要把祖產賣一賣，所以便不再堅持價錢。

這個消息對阿聰師來說一則以喜，一則以憂。喜的是若真的能留下來，就不用到彰化重新打拚；憂的是彰化的房子已經準備裝潢，也開始繳貸款了，就算屋主降的再多，阿聰師的手邊還是沒有太多閒錢可以當作頭期款。阿聰師的心中頓時百感交集，一時躊躇不定。

歐吉桑見他沒反應，便開口說道：「我們那麼多年的鄰居了，你們與街坊的互動那麼好，你的性格又那麼隨和，我們也捨不得你搬到彰化啊！這條街上誰沒吃過你合味香的糕餅？我們老朋友一場，我去幫你談看看價錢，你考慮一下，找親戚朋友調頭寸，不要錯過這個難得的機會啦！」

這番話讓阿聰師相當感動，與人為善一直是他的原則，因此許多長輩總是特別疼惜、照顧他。「留下來」，是阿聰師心中肯定的答案，也是他認為應該要做的事。即便他們夫妻倆在討論的過程中，發現以現有的收支狀況買下這間房子風險相當大，但原本一切求穩的阿聰師心中已經有了定見，他再度做出人生的重大抉擇：「一定要把文武路的房子買下來！」

雖說十分冒險，但阿聰師還是有經過一番深思熟慮的。「奶油酥餅現在賣得很好，營收穩定且持續成長，擴廠是勢在必行。若能越快擴廠，就能增加合味香的營收。此外，店面一樣位於文武路，這裡才是自己熟悉的主場，市場需求與特性能抓得比較準。若到彰化重起爐灶，不知道還要努力多久才能站穩腳步，畢竟人生地不熟，變數也相對更多。」

下定決心以後，阿聰師與阿聰嫂兩人同心，共同為了買房的事情分頭標會、借錢，同時透過仲介的牽線與斡旋，談妥以兩百六十萬元成交。文武路的房屋雖然比彰化那間舊，但坪數大小相當，都有六十多坪，還可以馬上開始裝潢。阿聰師快速的重新規劃整間房子，粗估大概要花三百多萬元，但他手邊的資金根本不夠，只能忍痛將彰化的新房子用接近平盤的價格轉手變現。就這樣，文武路三十八號這棟房子成了阿聰師的起家厝，也是他第一間真正擁有的店面。

能有這樣的好結果，除了商品的熱賣，以及阿聰師冷靜的決斷和不怕失敗的膽識外，也歸功於他廣結善緣的處事態度，才能得到街坊鄰居與朋友們源源不絕的幫助，進而尋獲最適合的店面，邁向人生的下一個階段。

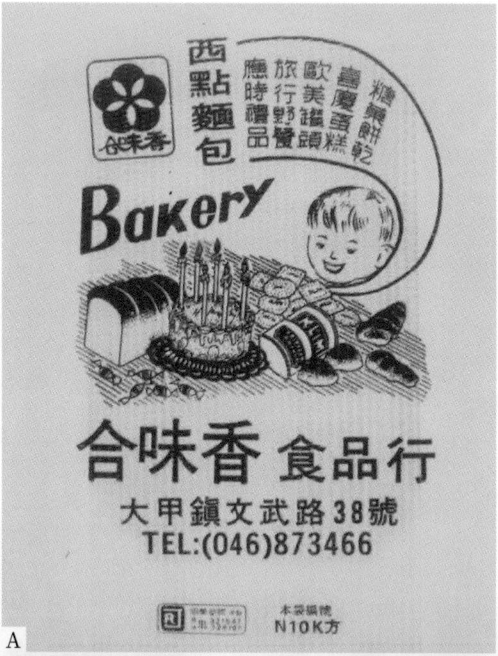

A

B

A －合味香在文武路時的包裝
B －阿聰嫂與孩子在文武路店面合影

阿聰師與阿聰嫂在文武路三十八號的合照，從背後的櫃子可以看出當時不只賣糕餅，也販售一些菸酒雜貨以維持家計。

擴廠再擴廠

坐在偌大的新店面裡，看著師傅們有了更寬闊的工作空間，以及兩台烤爐接力烤出香噴噴、熱騰騰的餅乾，阿聰師一臉幸福，也十分感動。

「這可是我辛苦大半輩子的心血，在歷經這麼多磨難與挑戰後，終於有了屬於我們的家！人家總說『天公疼憨人』，我就是默默的、傻傻的做，一直向前衝就對了！但只有衝勁還不夠，不斷研發才是合味香能持續走下去的關鍵，未來不能就此滿足，我要更努力才行。」

相較於阿聰師的樂觀態度，阿聰嫂卻是滿面愁容，她看著暴增的帳單，感到十分憂心。阿聰師趕緊安撫她說：「唉唷，妳不用擔心啦！費用會增加是因為我們的產量變多了，以前一天生產三十箱開心奶酥，現在一天能生產一百多箱甚至接近兩百箱，收入必然會倍增。等月底貨款收進來後，這些雜支就可以抵銷，我們的利潤也會增加，妳不要太煩惱。」雖然嘴上這麼說，但阿聰師自己也知道許多事都仍在未定之天。不過做生意就必須時刻保持積極樂觀的心態，才能突破重重難關。

儘管經濟狀況吃緊，阿聰師卻從未想過以漲價來獲取更多利潤，因為他的父親從小就告誡他不能貪，他知道過度的貪婪最後有可能走向貧窮。在經營上，阿聰師也從來不會虧待員工，扣掉所有基本支出後，對於自己的利潤他都是抱持著有賺就好的心態，其他則盡量回饋給員工和廠商。這種共好的經營態度，讓阿聰師在商場上廣結善緣，也讓他的生意蓬勃發展。

到了民國七十五年，開心奶酥的銷售點已經遍布整個中南部，需求量也越來越大。店裡十幾個人每天忙到停不下來，一天的產量最高還是只有一兩百箱。每次貨送到下游銷售點，當天就會完售，因此經銷商三天兩頭就會到店裡嚷著沒貨可賣，要阿聰師趕緊追加產能。阿聰師經常邊揉麵團邊聽經銷商的怨言，但他的心中沒有絲毫的不愉快，而是暗自思考著合味香接下來的路。

經銷商總是怨懟說：「人家乖乖、孔雀餅乾、可口奶滋這些大公司出產的餅乾貨源穩定，知名度也相當高。你的開心奶酥雖然受歡迎，但經常補不上貨，那些小商店都嚷著不要賣你的餅乾了。你想想看，雜貨店、地方超市求的就是穩定供貨，你們合味香老是讓人家貨架空空，對他們也是困擾啦！」

面對不斷攀升的需求量，阿聰師當然知道得盡快提高產能。時下的大型食品公司包括掬水軒、義美等都轉型走向機械化工廠，才能有更大量且穩定的產能。阿聰師希望在兼顧品質的前提下提高產量，畢竟產量若補不上，就無法穩定供貨給銷售點，將使這些銷售點被迫放棄合味香，進而演變成危機。

阿聰師知道是時候設立正式工廠了！十多年來的刻苦耐勞與點滴累積，讓他終於擺脫過去財務拮据的窘態，他也決定在購置資產時不再被預算所侷限。因此，當他得知中山路一段五百八十一號有間兩百多坪的房屋要出售時，便考慮在那邊設立工廠。

然而阿聰師的父親得知他要大舉擴廠時，擔心他的壓力會太大，也怕他因為一時的魯莽衝過頭，忍不住開口提醒：「擴展事業是好事，但你真的要做成這樣嗎？做餅不是一件輕鬆的事，你的孩子以後會接你的事業嗎？願意跟你一起做下去嗎？」

阿聰師知道父親是心疼自己，但他從開店後就沒想過要停下腳步。如果

A －阿聰師在廠房烤餅
B －師傅擠在狹小的空間內製餅

因為怕累就滿足於現狀，實在不是他的個性，另外他也從未擔心過接班問題，於是他回答：「我的兒子要不要走這條路都沒關係，但我要做到不能做才會停下腳步。我現在才四十出頭，不能就這樣慢下來，不斷突破與進步才是我要的。至於未來就等我老了以後再說，如果我做出一番事業以後，孩子們願意接，就讓他們接手；如果他們都不願意，還有跟隨我多年的師傅啊！我們一起把開心奶酥做起來，這麼多年我早就把他當成自己人了，到時候看他要用什麼方式接下我的事業都可以再談，合味香能有今天他也功不可沒。無論如何我不會停下來，這就是我要的人生。」

「既然選擇做餅，就要做到完美，活得精彩，這就是我！」阿聰師想著。他決定打造出自己心目中的事業版圖，有沒有人接班並不是重點，而是能否永不放棄的做下去。

A －擴廠後廠房內往往擠滿了做餅的師傅
B －中山路 581 號廠房內部

從合味香到先麥

台灣在民國七十六年正式解嚴，社會逐漸開放，全球化之下的跨國企業競爭也在此時悄悄點燃戰火。國際企業強勢進入台灣的消費市場，帶來多元的消費方式與商品選擇，讓民眾趨之若鶩，也扭轉了整個零售市場。

荷蘭企業「萬客隆」於民國七十八年在桃園縣八德市設立了全台第一家量販店，並迅速在台灣拓展多家分店，最盛時期甚至達到十二間店。每天開門後，萬客隆便會湧入滿滿的人潮，也為各家供應廠商帶來銷售機會。它以批發倉儲的模式以量制價，讓消費者為了搶便宜一次購足需要的商品，也開始習慣在家中囤貨。

市場開放讓多樣化的外國商品進到台灣，過去買進口商品都要透過委託行，但現在隨時都可以在各大賣場買到這些進口的餅乾、糖果等，這種改變對合味香來說無疑是一大挑戰。消費者往往都是喜新厭舊的，在這樣的氛圍下，許多本土產品如開心奶酥的銷售量便急轉直下。面對這一波改變的浪潮，阿聰師知道又是一次危機，但同時也是新的轉機，需要用智慧與策略來應對。

走進萬客隆，阿聰師穿梭在高聳的貨架之間，默默的看著人群挑選商品。他觀察到每個人的推車裡都是一箱箱，或是一組多包的各式商品。他邊走邊思考著：「開心奶酥的營業額逐漸衰退，人們也不一定會到地方小店買東西了，看來是時候該打入大商場！現在逛萬客隆彷彿是一種身分的象徵，我的開心奶酥也曾經是在百貨公司販售的明星商品，一定有機會能在萬客隆鋪貨。傳統糕餅店也得跟上時代，否則只會遭到淘汰，雜貨店陸續被取代就是重要的警訊，現在是合味香轉型的重要時刻！」下定決心後，阿聰師主動聯繫萬客隆，向他們毛遂自薦自家的產品，而對方也展現了強烈興趣，並邀請阿聰師至內湖總公司洽談。

見面後雙方相談甚歡，阿聰師積極的向萬客隆的主管介紹開心奶酥，滿懷信心的認為只要商品夠強，要上架絕對沒有問題，與他接洽的人員也表示十分期待開心奶酥可以進到萬客隆。然而當對方拿出資料，開始說明萬客隆的上架規定後，洋洋灑灑的數頁合約讓阿聰師的腦袋一團混亂。他依稀只記得對方除了要求合味香必須是經濟部登記立案的公司之外，還需要每月收取上架費、廣告費等多項費用，並規定提供的商品數量，以及要求進價必須降低……這些嚴格與複雜的條件，對合味香這種小型餅店來說實在難以負荷。

「原來這就是跨國企業！規則複雜可以一條條讀，一項項瞭解。但利潤下降，退貨和庫存又都要我們負責，這樣還有賺頭嗎？還是算了吧，通路又不是只有一條。」

種種條文與過於嚴苛的規定讓阿聰師打退堂鼓，決定放棄上架萬客隆。但他知道尋找新通路是勢在必行，也體認到如果想打進有規模的企業通路，就不能侷限在小餅店，只有地方政府的商號是不夠的，必須正式向經濟部登記為有限公司，讓經營的格局擴大。

然而，「公司名稱」這個問題卻讓阿聰師傷透腦筋。他原先想以自己的招牌商品開心奶酥為名，取名叫「開心食品有限公司」，卻無法通過申請；後來他想直接用「合味香」登記，沒想到也被退回，命名過程可說是一波三折。

這時阿聰師的老朋友黃英政來店裡找他，看見他雙眉緊鎖，便隨口問了一句：「發生了什麼事情？」阿聰師看到好友上門，一股腦兒將心中的無奈全部傾吐出來：「你看啦，申請公司行號有夠麻煩的！我已經不知道取了多少個名字，全都被退回，你說誇不誇張！我決定拿十個名字直接讓承辦人員選，看他們選中哪個我就用它！」

黃英政聽完阿聰師的抱怨後，沉默了一下並說：「叫『先麥』如何？『領先的賣點，新鮮的麥』。從奶油酥餅到開心奶酥，還有許多試驗階段的產品，一路走來你的糕餅創作始終都在領先的道路上，產品做出來以後，就會有許多人開始模仿、量產，因此你的創新精神在業界可以算是領頭羊。再來，你的用料都是純天然，沒有添加物，使用最傳統的技法和最新鮮的原料，這是相當難能可貴的。因此，我建議你用『先麥』這個名字，既能展現領先的地位，又能表達食品業的道德良知。」

黃英政的解釋真的很到位，也點出了阿聰師創業以來的核心精神，於是阿聰師決定將「先麥」當作申請公司名稱的選項之一。最後，經濟部從幾個名字中核准了它來立案——或許在冥冥之中，這樣的結果也暗示了阿聰師後來在糕餅界的地位。

公司名稱塵埃落定後，阿聰師的長子吳生泉提出了回家幫忙的要求，並建議可以將觸角伸進「軍公教福利中心」。這個只有持軍公教人員證件才能消費的商場遍布全台，甚至連軍中營站、福利社的商品也是透過這裡發貨。它因為價格低廉、選擇多樣，早已是軍公教人員購買商品的第一選擇，也算是台灣超市的先驅。開心奶酥若能進到軍公教福利中心，在遭到國際品牌與國內食品廠夾殺的年代，確實是一個好機會。

阿聰師相當贊成兒子的建議，於是兩人與軍方來回溝通幾次後，順利於民國八十三年鋪貨到軍公教福利中心，展開了先麥企業化後的第一炮。這個重大的突破為先麥增加不少業績，也讓阿聰師相當滿意，甚至為此改包裝，將原本的包裝當作是軍公教福利中心的限定版，一般市面上的則再另外設計新包裝販售。

然而軍公教福利中心畢竟不像傳統雜貨店一樣講感情，而是以「利益」作為最優先考量，因此先麥的商品進到軍公教福利中心僅一年多，隔年阿聰師要與對方談論合作契約時，便遇到殺價問題。

與阿聰師會談的中尉軍官態度頗為強硬，堅決的要求商品進價必須比前一年更低，否則不予續約。不論阿聰師想要多說些什麼，軍官都是以公事公辦的態度，完全不留任何溝通空間。這讓阿聰師感到十分不舒服，因為原物料都在上漲，原本這趟來他還準備向軍方要求漲價，怎料還未開口，對方竟先砍價。

阿聰師向軍官說道：「長官啊，你不知道現在外面都在漲價嗎？你回去看看你們軍公教福利中心貨架上的奶粉，本來一罐四百元，如今已經漲到四百五十元了。我用的奶油同樣也在漲價，而且原物料裡價格飆升的還不只有奶油，萬物皆漲，你砍我的價格有道理嗎？我今天本來還想跟你討論從進價二十元漲到二十三元，你要求的十七元已經比我給經銷商的價格還低了，開什麼玩笑！是要我賠錢賣給你，都不要賺錢了嗎？」

除了利潤問題之外，阿聰師也有自己的苦衷。一般來說，商場上給經銷商與零售商的進貨價格本來就不一樣，他可以給經銷商十七點五元的成本價，但軍公教福利中心算是後端的零售商，因此若同意降價對經銷商來說會是很大的困擾，也等同是帶頭削價。這樣非但沒有利潤，也容易讓同行難做，這是「信譽」問題，也是阿聰師開店以來最重要的原則，因此他堅持不降價。

眼看這位軍官的態度與挺直的腰桿一樣強硬，阿聰師費盡唇舌仍無濟於事，於是他在心中盤算著：「我的事業已重新布局，有其他的發展方向，開心奶酥的銷售量也有起色，出貨還算穩定，經銷商又回來爭相搶著進貨。若答應軍公教福利中心的降價要求，日後恐怕會帶來更多困擾，看來只能放棄這個機會了！」於是阿聰師喝了一口茶，雙手往大腿一拍，對吳生泉說了一聲：「走，咱來去！多謝軍公教福利中心這一年來的招待與照顧。」阿聰師比了個離開的手勢，旋即起身走出辦公室，留下一臉錯愕的軍官，也正式與軍公教福利中心這個通路分道揚鑣。

愛的宣言喜餅上市

國際企業大舉來台初期，阿聰師就已預見台灣的經營環境將會有很大的改變，對他們這種小型糕餅業者來說會是嚴重的衝擊，因此便不斷尋找新的出路。除了努力嘗試打進新型賣場外，他也參加各種課程及商展，持續學習新知，一刻也沒有停歇。

與過往不同的是，自己的孩子長大了，也願意回來公司一起打拚。因此阿聰師總會帶著吳生泉，培養他學習的習慣並讓他累積經驗，父子倆甚至一起飛去日本，在大型國際展覽中尋找未來的發展方向。

長期以來，阿聰師一直想為開心奶酥設計一款禮盒包裝，並為此跑遍全台與日本。後來他瞭解到若要開禮盒的模組，機械購置與開模的價格都相當高，考量到經濟效益只好作罷。而在日本觀賞商展時，阿聰師看到了一組製作塔式西餅的機器，內心突然有股聲音告訴他：「如果做開心奶酥的禮盒，裡面就只會有開心奶酥這一款餅乾，似乎顯得單調了些。若是引進塔式餅乾的機器，加上我拿手的開心奶酥，或許可以打造出一款不同於市面上的中西式喜餅禮盒。」

在與吳生泉交換意見後，兩人都覺得這會是一個好的發展方向，因此決定斥資千萬，購入這台日本進口的塔式西餅機台，同時為喜餅取了一個相當浪漫的名稱——愛的宣言，並替這個名字註冊了商標。

隨著時代演進，台灣社會對於「喜餅」的觀念越來越不同。西式餅乾因為新潮、精緻而受到消費者的喜愛，花旗、超羣等港商和外商餅店陸續進入台灣，揭開了新式喜餅市場競爭的序幕。而台灣本土品牌也有所行動，

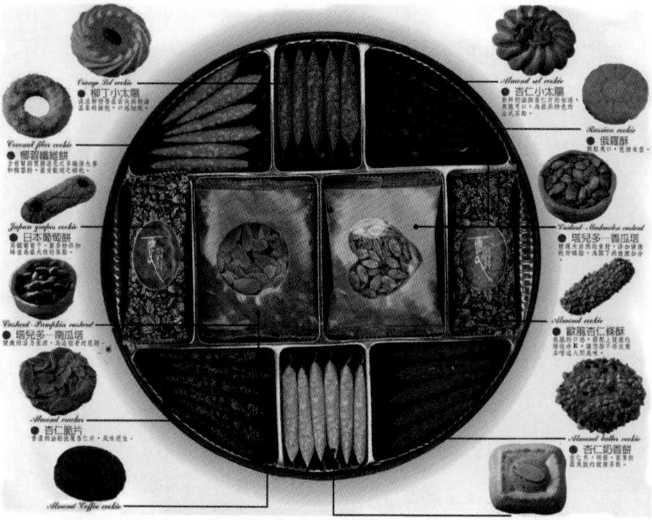

愛的宣言禮盒內容

宏亞公司推出禮坊這個品牌，老店郭元益也在轉型，還有後期進入喜餅市場的大黑松小倆口，它們都陸續推出薄餅式的西式鐵盒喜餅。一時之間百家爭鳴，喜餅市場進入了大亂鬥時代。

正因為市面上都是以「薄餅」的西式喜餅為主，始終走在產業最前線的阿聰師不願意盲從，他想以「塔式西餅」打入市場。許多上游廠商都問他為什麼要不同於市場潮流，他堅定的說：「我就是要做厚的，我不做跟人家一樣的，也不願意用跟別人一模一樣的品項來競爭，這才是『先麥』的精神。」阿聰師反其道而行做了厚的塔式喜餅，並主打「愛的宣言，讓我們的感情越來越厚」這個標語，這種大膽創新的做法，讓他再次創造另一波事業高峰。

民國八十四年上市的愛的宣言喜餅，沿襲合味香到先麥的精神，鮮少打廣告，靠的是創新與美味的商品。透過消費者的口耳相傳，愛的宣言逐漸在喜餅界闖出一點名氣，許多中部海線縣市的醫生或是企業家都對塔式喜餅趨之若鶩，也讓阿聰師感到相當自豪，他有信心這款喜餅將會顛覆西式喜餅的印象，帶起新的風潮。

當愛的宣言推出一段時間後，陸陸續續有客人上門質疑阿聰師主打的「創新」其實是抄襲其他企業，這讓阿聰師摸不著頭緒。「愛的宣言明明是吳生泉取的名字，塔式喜餅是從日本引進的，哪來的抄襲問題？」

後來透過客人的說明他才知道，原來知名的香港喜餅公司超羣推出了新款「真愛宣言」喜餅，並在電視、廣播、報紙大量曝光。隨著真愛宣言的名氣越來越響亮，許多客人都誤以為阿聰師跟超羣合作，或是覺得阿聰師抄襲人家的名稱。

這件事讓阿聰師相當困擾，除了蒐證以外，他也發出存證信函給超羣，打算提告以捍衛商譽。這個動作使超羣不只下架廣告，同時也停售真愛宣言，超羣總公司的總經理與廣告公司的主管更親自到店裡向阿聰師道歉。對阿聰師而言，維護尊嚴與商譽才是最重要的，而且他的父親從小就教導他「得饒人處且饒人」，點到為止即可，因此最後他只要求對方登報道歉並賠償象徵性的金額，便沒有再追究其他責任了。

多年的開店生涯，讓阿聰師看過許多商業手法與行銷手段。他認為同業之間可以類似，可以調整，但全面的模仿就是缺乏商業道德，是不能被接受的。雖然說商場如戰場，但「道德」是最基本的底線。

「我做甜的，你可以做鹹的；我包芋頭，你可以包番薯。」阿聰師說。只要不是毫無創意的照抄，阿聰師都抱持著「大環境好，我就好」的心態來看待這些模仿。畢竟從發明奶油酥餅開始，每當阿聰師的商品暢銷之後，總會有人跟著賣，但他的目的一直都不是獨善其身，因此若自身的發明可以幫助整個糕餅產業蓬勃發展，自然是他所樂見的。

「不斷超越」是阿聰師做餅至今堅持的信念，因此他並不擔心被模仿或是他人改版後的商品更受歡迎，因為他不會停下腳步——「研發」、「創新」就是阿聰師與生俱來的 DNA。從中式糕點跨足西式喜餅，每一個領域都有他的代表作，無論什麼樣的類型都難不倒他，這除了證明阿聰師持續在精進和成長，也能看出他基本功的深厚與不懈怠的努力。阿聰師堅定的說：「我就是將自己做好，新的東西一直在等我去研發。」有著正確的心態與積極的態度，難怪他能一次又一次的超越自我。

陸／

糕餅魔法師的紫色玫瑰奇蹟

糕餅魔法師的紫色玫瑰奇蹟

紫金奇蹟幻滅

大甲，一直是台灣芋頭最有名的產地。在阿聰師的童年回憶中，充滿著吃炸芋頭當點心的美好記憶。大甲的芋頭之所以這麼出名，在於它的口感鬆軟富有香氣，讓其他地方的芋頭都無法比擬。

民國八十七年，芋頭因為前一年賣價好使農民紛紛搶種，最後產量過剩造成嚴重滯銷，一台斤只剩下三、四元的價格，遠低於耕作成本的十元，導致芋農損失慘重。阿聰師身旁許多親友都是芋農，面對這樣的困境，他們決定放棄販售，否則不只白忙一整年，反倒得付出更多成本。他們索性把收成的芋頭都送人，因此也搬了好幾袋來先麥給阿聰師。

「你們留著賣，不要那麼客氣啦！」還搞不清楚狀況的阿聰師以為是往常親友間的餽贈，因為這些年大家經常送來自家的農產品，阿聰師也總會以糕餅回贈。看到這麼多袋芋頭，阿聰師一邊客氣的要親友留著賣，一邊疑惑著今年的數量怎麼特別多，暗自擔心該如何吃完。

這時對方氣憤又無奈的說：「賣？賣還不夠成本呢！今年芋頭產量過剩，賣一斤就賠一斤，不如趁它們爛掉前，趕緊拿出來送給親朋好友才不會浪費，也省得我賠更多！每年芋頭的價錢都不穩定，常常搞得一整年做白工，這樣下去真的要把田賣掉退休了。我想說你做餅的，多拿一些給你，說不定你可以把芋頭包進麵包還是糕餅裡面，幫你省一點材料費啦！」

同為農家出身，阿聰師深知農民的辛勞，不只看天吃飯怕歉收，還得擔心豐收造成產量過剩。辛勤了一整年，收入卻經常不穩定，滿腹都是辛酸。

「菜土菜金，菜賤傷農啊！」阿聰師在心裡感嘆著。

看著親戚離開的背影，再望向地上一袋袋的芋頭，阿聰師突然很感傷。

「台灣農業從我小時候到現在都已經過了幾十年，還是沒有改變嗎？豐收時被中、下游盤商控制價錢，上游付出最多勞力的農民只能任人宰割，過著苦哈哈的生活。有沒有什麼辦法能讓農民維持穩定的生計呢？」

站在工作台前，阿聰師一邊揉麵團，一邊思考著親戚那一句「說不定你可以把芋頭包進麵包還是糕餅裡面」。「是否真的能如對方所說，讓芋頭成為糕餅的一部分，賦予芋頭更多用途呢？」阿聰師想著。

阿聰師開始在心裡盤算：「芋頭是大家喜愛的食材，蒸、煮、炸、刨絲或是做成芋泥都有它獨特的風味。如果能把芋頭放進糕餅裡面，做成一款大家都喜愛的點心，說不定真的有機會扭轉芋農的生活。」

一股想要幫助芋農的使命感，讓阿聰師體內的研發魂開始燃燒，他的腦袋中不斷沙盤推演出各種組合，期待能創造一款打響家鄉名號的芋頭糕餅，以此來回饋這片孕育他的土地。

「每個人，都應該要有自己的家鄉味。」對阿聰師來說，芋頭不僅代表了美好的童年與回憶，更是家鄉的重要資產。這些芋頭養育了大甲幾代人，在各式料理中展現它獨特的風味，進而受到全台民眾的喜愛，現在它面臨滯銷，阿聰師認為自己應該跳出來做點什麼！

新紫色傳說

下定決心後，阿聰師立刻找來師傅，表示希望能設計出一款包進芋頭的全新糕餅。過去他們已經有將芋頭放入糕餅的經驗，但當時的作法是仿效漢餅，將漢餅中的豆沙、豬肉、蛋黃改成芋頭餡，做成芋頭餅。這次，阿聰師希望可以有更突破的作法，而師傅也有著一樣的想法。「要做就要做跟過去不一樣的！」唯有跳脫過去，做出不同於以往的產品，才有可能為芋頭糕餅帶來全新感受。

確定方向後，阿聰師開始努力獲取原料的各種訊息，就如同他過去在研發開心奶酥前瞭解油品的種類與特質一樣，這是他的習慣。阿聰師先尋找芋頭相關的書籍，從中學習專業知識，熟悉芋頭的種類與特性，並前往農改場向專家請教。有關芋頭的課程他也不放過，甚至親自下田了解芋頭的種植方式，搞清楚施肥、照顧等各式技術，讓自己對大甲芋頭有更深的認識。他也才知道原來台灣的芋頭有相當多品種，像是俗稱高雄一號的水芋、檳榔心芋、紅梗芋及麵芋等，每一種都有它們各自的特色與風味。

「我很喜歡學習新東西，所以閱讀新知和研究各式各樣的產品能讓我感到快樂。」阿聰師說。

有了基本的認知後，阿聰師拿起親友送的芋頭仔細端詳。他看著那橢圓形略顯肥胖的身形，以及褐色帶點泥土的外觀，開始以他所熟悉的芋頭特性發想：「親友們種的是檳榔心芋，這種芋頭口感細緻綿密，相當適合直接蒸熟當作糕餅的內餡。」

接著，他注意到芋頭身上的線條，目光瞬間被吸引，視線停留在那纏繞著一圈圈紋路的本體，特別是頂端線條交錯的模樣，讓平凡無奇的芋頭變得更加美麗。「如果能將新產品做成與芋頭相似的樣子好像也很適合！外皮的線條搭配淡紫色澤，不就像是一顆芋頭嗎？」阿聰師思考著。「酥皮！這個造型就像不斷揉捏並捲過的酥皮！」他突然想到也許能以做酥皮的方式，將麵粉加上芋頭的顏色，讓麵團變成紫色的，這樣說不定就可以變化出全新的糕餅風格。

心中有了靈感後，阿聰師便開始著手嘗試並與師傅討論。他將麵粉加入酥油揉成麵團後，取出一小塊麵團壓平然後捲起，再重複壓平、捲起。這樣的動作讓麵團內部呈現一圈圈的線條，之後再將麵團從中間切開，就能看見猶如玫瑰般的紋路。

至於餡料呢？阿聰師打算保留芋頭最原始的味道，畢竟好的芋頭本身就自帶香氣，同時充滿著甜味，尤其是檳榔心芋的口感更是綿密。於是阿聰師將芋頭削皮後切塊，接著放進木頭蒸籠裡蒸熟，這樣就可以保留它最濃郁的香氣。再來，將芋頭攪拌均勻並加入奶油打成芋頭泥，或是直接將整顆芋頭烘烤後用湯匙挖出，並加上奶油與糖一起拌勻——這就是最原始也最甜美的內餡了。

A－檳榔心芋的外觀
B－來自自然、模仿自然

接著，阿聰師將帶有花紋的麵團壓平，手心對著麵團芯有如「心心相印」，他深深的感受到自己與大甲這塊土地緊密的連結在一起。最後，將調製好的芋頭泥包進麵團中，繞圈收束成一顆顆圓形的芋頭酥並送進烤箱裡烘烤。看著芋頭酥上一圈圈的花紋逐漸變色，彷彿一朵綻放的玫瑰，阿聰師此刻感覺自己正與芋農們一起守護著大甲芋頭，為家鄉貢獻己力。

經過許多次的失敗與改良，世上第一顆芋頭酥終於問世。與過去研發新產品時一樣，阿聰師把第一批芋頭酥分送給街坊鄰居嚐鮮，也放了幾顆在店面的櫥窗試賣，每天測試般的只做幾十顆。誰也沒想到，這一顆小小的芋頭酥，竟會成為他邁向高峰的關鍵！

「那時我從沒想過芋頭酥會扭轉大甲芋頭未來數十年的命運。」現在回想起來，阿聰師的心裡依然充滿著無限悸動。

愛的宣言咖啡廳

阿聰師在成立先麥前，就已經認真思考過合味香的轉型方向，也建立了副品牌愛的宣言，一改過去西式喜餅的薄餅形式，主打較厚的塔式喜餅，並在地方上獲得很好的迴響。

當時阿聰師的兒子負責對外業務，女兒們則在家中幫忙門市銷售及工廠事務，兄妹們齊心努力，讓阿聰師感到很欣慰。為了讓整體經營更多元化，阿聰師的大女兒吳佩玲建議將門市的二樓改造成咖啡廳。

台灣在八、九十年代，咖啡廳與泡沫紅茶店是年輕人聚餐、開會、聊天的好去處，而先麥不僅有自製的點心，還有愛的宣言塔式西餅。當顧客來店裡點一杯咖啡或花果茶時，就隨機附上一份甜點，用這種方式能讓糕餅接觸更多年輕族群，也能與市面上的咖啡廳做出區隔。最重要的是，此舉還有機會增加門市營收與銷售通路。若客人喜歡附贈的糕點，便有可能回頭訂製喜餅或是購買其他商品，進而帶動整體業績的成長。

創造出這樣的特色後，愛的宣言咖啡廳很快受到年輕人與文人雅士的喜愛，雖說不至於高朋滿座，但每天的生意都相當不錯。店內事務主要由阿聰師的大女兒吳佩玲與小女兒吳佩娜負責，二女兒吳佩芬在咖啡廳開幕前就已經先在外面的藥廠上班，但因為愛的宣言喜餅訂單增加，因此她下班後仍會回來看看店內是否需要幫忙，吳生泉在處理業務之餘也會回來協助。一家人同心協力，希望讓咖啡廳的生意越來越好。

有一天，一群常客來到店裡聚餐，他們一如往常邊聊著工作邊吃飯，而這天餐後所附的點心是阿聰師剛研發出來的芋頭酥。這群客人仔細端詳這

一口芋頭酥配一口茶，感受滿滿台灣味。

顆從未見過的糕餅，並放入嘴裡嚐了一口，瞬間被它奇特的風味與造型給震懾住。

店裡的服務生在一旁聽到客人們說：「這家店的甜點也太特別了！內餡的芋頭非常綿密，吃起來鬆軟、香氣濃郁，而且不像一般芋頭冰那麼甜膩。外皮則是類似蛋黃酥的外衣，但清爽的芋頭內餡讓它不會像吃蛋黃酥時那麼有負擔，真想再來一顆！大甲竟然有這種好滋味，不能只有我們知道！」

這群人聚會結束後，有幾位特別留下來問了幾個關於芋頭酥的問題才離開。阿聰師他們萬萬沒想到，這其中有幾位是大甲的地方記者，因緣際會吃到這顆剛研發出來的芋頭酥，讓他們為之瘋狂，更迫不及待與讀者分享。過沒多久，自由時報、聯合報、中國時報與台灣新聞報分別都在同一天刊出報導，介紹愛的宣言芋頭酥。

自由時報

中華民國八十七年十月一日

本土產業開新路
趕上中秋買氣　大甲芋頭酥爭口氣

（記者鄭宏昱／大甲報導）台中縣大甲芋頭名聞遐邇，著名的九份芋圓、草湖芋仔冰都以大甲芋頭製作，大甲一家糕餅業者，在中秋節前夕開發新產品芋頭酥，為本土產業開創一條新出路。

大甲芋頭聲名在外，最好的芋頭加工品往往指名以大甲芋頭製作，目前，除了大甲農會芋仔冰之外，多數外銷全省各地，在九份、草湖等地享有盛名，本地人反而不見得了解。

知名喜餅業者吳聰朝，談起製作芋頭酥的動機時表示，離開大甲才知道大甲芋頭名氣早以傳遍全省，因此在與大甲名產酥餅做產品區格之下，選定大甲特產芋頭開發新商品，經公司內部研發，推出具有本土代表性的芋頭酥。

芋頭加工品不多見，最有名的要屬傳統的甲仙芋仔餅。大甲芋頭酥內外觀，均與芋仔餅有很大差異。芋頭的外表有一圈圈的輪紋，芋頭酥的外觀也加以仿效，有紫色玫瑰般的薄薄漸層，十分美觀。有別於傳統糕餅的保守，外型極具吸引力。中秋節將屆，業者為了應景，也特別提供芋頭蛋黃酥供消費者選擇。

糕餅業者推出芋頭酥，深獲好評。（記者鄭宏昱攝）

台灣新聞報

大甲芋頭生產過剩
業者做成芋頭酥月餅

紫色玫瑰
好吃好看　銷售看好

【記者陳榮昌大甲報導】大甲鎮芋頭作物種植面積高達四百三十多公頃，佔全省第一位，由於今年生產過剩，價格較去年低迷不少，致「愛的宣言喜餅店」靈機一動，推出芋頭加工做成的芋頭酥月餅，其外型具輪紋，顏色為紫色，民眾稱為「紫色玫瑰」，酥鬆好吃又好看，致銷售量不錯。

中國時報

中華民國八十八年二月六日

【記者許林文中縣報導】種植面積達三百多公頃的大甲芋頭，知名度遍及全省，盛產芋頭的大甲，位於大甲鎮文武路市區愛的宣言喜餅店，在春節、情人節前夕，研發出一種以芋頭為材料的情人節捧花，即以享譽全省的大甲芋頭為主，加上綠茶後，製作成綠玫瑰、紫玫瑰的芋香酥餅，在結合花藝，製作成可以欣賞及食用的情人節捧花。

據業者指出，春節之前，消費者喜歡購買糕餅，但熱量一定過高，而以芋頭製成的玫瑰酥餅，有別於紅豆、綠豆、蓮蓉、五仁等素材，以天然植物油製成，甜而不膩，皮酥而餡鬆軟，情人節前夕，買一束秀色可餐的情人節捧花，亦同時可以度過一個快樂的新年，非常划得來。

新奇的芋頭製「玫瑰捧花」。（許林文攝）

聯合報

中華民國八十七年十月一日

紫色玫瑰　搶手

大甲芋香月餅　百貨超商訂不到貨

【記者唐蒼賜大甲報導】中秋節將屆，各種月餅齊出籠，有食品公司以大甲生產的芋頭當原料，推出芋香月餅，芋香月餅甜而不膩、酥鬆可口，上市以來供不應求，許多百貨公司、超商訂不到貨，業者還為芋香月餅命名為「紫色玫瑰」，強調色香味讓消費者吃出健康。

每年中秋節，應景的廣式、西式、素食月餅大量上市，近年更有冰淇淋月餅等，使用材料大同小異，但今年大甲地區新產芋香月餅，有別於紅豆、綠豆、蓮蓉、五仁等素材，採用的是鬆軟的大甲芋，加工製作。

據業者吳聰朝指出，芋香月餅純手工製作，除採用剛收成芋頭外，以天然植物油為主，強調素食，甜而不膩，老少咸宜，皮酥餡鬆，完全不添加人工色素及防腐劑，由於芋頭天然色如玫瑰，取名紫色玫瑰，原本是初試甜點，未料上市以來，供不應求，但手工產量有限，只有拒絕超商、百貨公司訂貨了。

（記者唐蒼賜．攝影）

各大報陸續刊出芋頭酥的報導，芋頭酥一時風靡全台。

報導出來時離中秋節僅剩四天，阿聰師按照慣例在中山路的工廠裡忙進忙出，準備著中秋月餅與其他應景商品，根本不知道芋頭酥已經登上新聞版面，而且廣為流傳。

在新聞見報的隔天，愛的宣言門口突然來了一台高檔黑頭車，只見一位拿著黑金剛大哥大的男子，手裡握著一份報紙緩緩走入店內。店員一如往常以為他是來吃簡餐或喝咖啡的客人，正準備招呼他入座時，男子突然拿起報紙問：「這個『紫色玫瑰芋頭月餅』是你們做的嗎？我找它找得好辛苦，大甲街上的大小餅店我都問過了，甚至還跑去公所和農會，卻都沒有人知道。他們叫我去裕珍馨問問看，但店家說沒有這個產品。我們家是芋頭愛好者，家裡的人看到報導後，大大小小都想要嚐鮮，便要我來大甲找找看，但我就是找不到！」

店員一看到報導，睜大雙眼並驚訝的說：「這是我們師傅剛研發出來的芋頭酥啊！」

男子聽完後喜出望外的走到店外，拿起黑金剛向另一端通報：「我找到了啦！芋頭酥是大甲街上愛的宣言喜餅店做的，要買多少顆？」

結束通話後，男子回頭掏出錢包，一出手就買了幾十顆。他開心的將櫃子裡的芋頭酥幾乎全掃光，並對店員比出大拇指後便開著黑頭車離開了。在他離開後，陸陸續續還有人上門購買芋頭酥。

沒想到隔天更誇張，店門還沒開就已經有顧客在門口等待，而且人潮有越來越多的趨勢。但因為芋頭酥還在試賣階段，店裡的數量並不多，因此店員趕緊抓起電話聯絡在工廠的阿聰師：「芋頭酥要趕快做出來，店面不夠賣了！你們工廠得快點趕工，趕緊補過來！」

中秋節前是所有糕餅業者最忙的一段時間，工廠本來就已經忙到翻天覆地，但聽到門市的芋頭酥賣到缺貨，還有人堅持排隊，阿聰師也只能分派人力趕工。為了滿足每一位願意等待的客人，阿聰師積極備料，埋頭揉麵團、蒸芋頭，與工廠內的同仁一起加緊腳步，努力做出更多芋頭酥。即便手都揉瘦了，但阿聰師的心情卻無比輕快。

糕餅黑馬反客為主

原以為這波熱潮只是中秋節帶來的禮盒效應，等節慶過後芋頭酥的銷量應該會暫時下降，大家也可以稍作休息，沒想到中秋節後才爆發真正的「狂潮」！即便節日已過，愛的宣言門口每天仍排滿了慕名而來的遊客及在地饕客，把門口擠得水泄不通，這樣的發展讓阿聰師感到相當意外。

後來他們才知道，原來在中秋送禮後，反而讓芋頭酥旋風擴大到全國各地。收到中秋禮盒的人們吃過後，都對這款外皮酥脆，內餡香氣十足且鬆軟滑順的新玩意兒感到驚奇。

於是一傳十，十傳百，每個來到大甲的人都指定要買芋頭酥，甚至還有人是專程來購買，再去鎮瀾宮拜拜——芋頭酥就這樣反客為主，變成大家來大甲的主要目的。後來知名音樂作詞家李坤城在廣播上介紹大甲芋頭與芋頭酥，讓它受歡迎的程度又更上一層樓。

阿聰師的二女兒回憶道：「曾經有一位從高雄來的客人，挺著大肚子不斷拜託我，希望我能賣她芋頭酥。但看著空蕩蕩的展示台，我也沒有貨可以給她，雖然心疼卻也無可奈何。」

面對短時間內暴增的需求，工廠的產量逐漸趕不上銷售速度。於是阿聰師在經過與團隊的討論後，決定先關閉喜餅的生產線，把芋頭酥的產能拉到最高。同時，他們也開始重整公司，全面以「先麥芋頭酥」進行宣傳，打響先麥的全國知名度，咖啡廳也因此被迫休業。看著原本的咖啡廳空間，阿聰師笑著說：「這根本是個配角變主角的故事。」

想當初阿聰師努力研發新產品的初心，就是為了幫助大甲芋農解決困境，也確實因為芋頭酥的熱銷，使芋頭隔年的價格上漲。阿聰師更是以較優渥的條件收購優質的檳榔心芋，而且他堅持「一手交錢，一手交貨」，讓農民不用擔心被拖欠款項，可以穩定的生活。

芋頭因為阿聰師的巧手施展魔法，從原本三、四塊的收購價格，在幾年後翻了數倍，二、三十塊錢都是相當常見的，甚至不知道哪年還曾一度漲到六十塊錢。原本大甲芋頭的栽種面積在民國八十六年是兩百八十五公頃，民國一百零七年後，整體栽種面積超過四百三十九公頃，由此可見芋頭酥及後來衍生的相關產品對地方影響甚鉅，更帶來了龐大的經濟效益。

芋頭酥大受歡迎以後，報紙上將它形容成另類的月餅，但阿聰師認為如果被說成月餅，那麼芋頭酥只會在中秋節有市場，極有可能像蛋塔一樣曇花一現，因此他將芋頭酥重新定位為大甲特產，喊出：「大甲是芋頭的故鄉！」這樣不但能用芋頭讓台灣人重新認識大甲，也能維持芋頭酥的銷售熱度。他期待藉由芋頭酥展現的能量與光芒，將這裡其他傳統的媽祖、草蓆、奶油酥餅重新加溫，讓所有人從大甲的「新三寶」中看見大甲。

為了推廣芋頭文化，阿聰師也廣邀學子與有志人士加入。從民國八十七

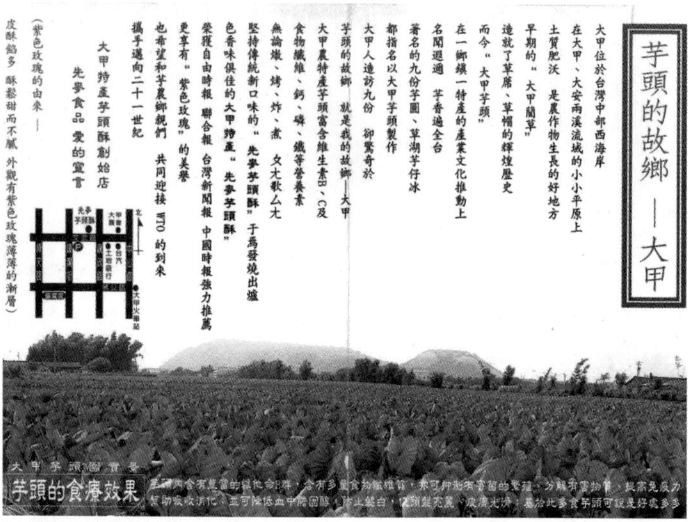
芋頭的故鄉——大甲
大甲位於台灣中部西海岸
在大甲、大安兩溪流域的小小平原上
土質肥沃　是農作物生長的好地方
早期的“大甲藺草”
造就了草蓆、草帽的輝煌歷史
而今“大甲芋頭”
在一鄉鎮一特產的產業文化推動上
名聞遐邇　芋香遍全台
著名的九份芋圓、草湖芋仔冰
都指名以大甲芋頭製作
大甲人造訪九份　卻驚奇於
芋頭的故鄉　就是我的故鄉——大甲
大甲農特產芋頭富含維生素B、C及
食物纖維、鈣、磷、鐵等營養素
無論燉、烤、炸、煮　攵尢歌ㄙ尢
堅持傳統新口味的“先麥芋頭酥”于焉發燒出爐
色香味俱佳的大甲特產“先麥芋頭酥”
榮獲自由時報 聯合報 台灣新聞報 中國時報強力推薦
更享有“紫色玫瑰”的美譽
也希望和芋農鄉親們　共同迎接 WTO 的到來
攜手邁向二十一世紀
大甲特產芋頭酥創始店
先麥食品 愛的宣言
（紫色玫瑰的由來——
皮酥餡多　酥鬆甜而不膩　外觀有紫色玫瑰薄薄的漸層）
北
先麥芋頭酥
大甲火車站
大甲芋頭的營養
芋頭的食療效果

阿聰師對故鄉的芋頭有愛，更有夢。

年起，每個暑假累積起來有近百人來打工，這讓阿聰師非常高興，於是他便寫了段文字送給學生：「雖然草蓆、草帽來不及，但是芋頭文化不缺席，而且，將由我開始！」藉此勉勵大家，同時也鼓勵自己。此後，阿聰師推出的宣傳品都帶著對大甲芋頭濃濃的情懷，用心以糕餅推展地方文化。

下一站，幼獅工業區

阿聰師一心一意為大甲這塊土地盡己之力，所有的付出不僅是為了個人事業發展，更希望能振興地方經濟，讓家鄉變得更好，但是他不能理解為什麼總有人以負面的角度看待。

當芋頭酥暢銷以後，先麥就不斷遭到檢舉與抗議，衛生局、勞工局、消防局接二連三到店裡和工廠稽查。好在阿聰師是個腳踏實地的人，對於店面、商標或是公司管理，他全都是依照法規辦理，沒有存著僥倖的心態，因此被投訴的各項檢查都安全過關。倘若真的有什麼地方需要改進，阿聰師當然欣然接受也虛心受教，但「閻王易見，小鬼難纏」，面對鄰居接踵而來的狀況，讓阿聰師感到十分煩心。

民國七十五年，為了增加開心奶酥的產量，阿聰師買下中山路兩百多坪的透天厝當作工廠，一路使用下來都相安無事。後來因為縱貫公路拓寬，工廠被切割掉許多土地，只剩下一百多坪可用，但這是政府徵收，阿聰師也只能乖乖配合。

芋頭酥爆紅以後恰巧遇到全台土地重測，這時鄰居卻突然表示阿聰師的房子侵占到他的土地，還找來地政事務所進行測量。阿聰師無奈的跟對方說：「這塊土地早期是你姑丈的，我們當時是一手交錢，一手交地，房地契約標示得清清楚楚。早期我還沒將工廠搬進來的時候，你還透過你姑丈跟我租這間房子一兩個月當工廠，你都忘記了嗎？後來你的房子建好搬回去以後，租金、鑰匙都沒交還給我，我也只是笑一笑，沒跟你計較，想說彼此鄰居一場。那時候你都沒有問題，現在土地重測，你卻跑來跟我說占到你的地，這是在跟我開玩笑嗎？」

這樁鬧劇結束後，過了一陣子鄰居又開始無理取鬧。有天阿聰師夫婦到南部送貨，回來後卻看到隔壁皮件工廠發生祝融之災，緊張之餘他們也趕緊打開鐵門確認自家安危。沒想到後來鄰居卻指控大火是因阿聰師的工廠而起，讓他想不通火災那天明明是週末假期，工廠未開工，加上他們夫妻倆都到南部送貨不在工廠內，回來後工廠也沒有任何狀況，那是何來的起火點呢？之後也是歷經了一番波折，經過上訴司法才還阿聰師清白。

芋頭酥的熱銷使阿聰師連做餅的時間都不夠用了，哪禁得起這些瑣碎事務一再打擾，因此他開始思考徹底解決的方式，讓自己能真正專注於事業經營上。經過考慮後，阿聰師認為「把廠房移到適合的地點」應該會是最佳解方，加上考量到業績節節攀高，他決定以「購買真正的工廠廠房或工業用地」為目標，朝擴大經營的方向邁進。於是他又開始四處看地、找廠房，一路從後龍看到大肚、龍井，又從后里看到海邊。無奈這些工廠用地和廠房都很貴，以阿聰師當時的財力根本難以負擔。

直到民國八十九年，阿聰師在因緣際會下來到幼獅工業區，看見知名藥廠永信藥品的倉庫正要出售。阿聰師相當滿意它的環境與價格，畢竟藥廠與食品廠一樣，最在乎「乾淨」和「衛生」，因此整個廠房的環境非常適合做糕餅。於是他決定貸款兩千萬，買下這間位於幼獅工業區的廠房，沒想到這不僅成為先麥營運上的重大轉捩點，也為他的人生帶來巨大轉折。

當時幼獅工業區廠房的外觀

柒／

人生的巔峰與低谷

人生的巔峰與低谷

一切都從進入幼獅工業區開始

阿聰師發明的芋頭酥在全台掀起一陣旋風，成為當時最受歡迎的糕餅禮盒，購買款項甚至連續五年創下郵政劃撥第一名的成績，這麼大的需求量使幼獅工業區這個廠房更顯重要。然而，這個工業區主要是提供國內青年使用的創業基地，必須符合「輔導青年利用幼獅工業區創辦生產事業辦法」才能進駐，其中第一條規定更讓阿聰師傷透腦筋。

申請在幼獅工業區購買土地、廠房、設廠之青年應具備條件如下：

一、年齡在二十歲以上，四十歲以下之中華民國國民。但合於第七條第二款及第四款規定者，其年齡放寬至五十歲。

二、高級中等以上學校畢業。但經有關主管機關認定具有創業之特殊經驗或發明者，不在此限。

三、服役期滿或依法免役。

四、品德良好無不良紀錄。

（下略）

民國三十三年出生的阿聰師，在規劃進駐幼獅工業區時已經五十六歲了，年紀完全不符合資格。他皺著眉頭來回看了這條規定好幾次，腦袋不停的轉動。

「根據這條規定，只有二十歲以上，四十歲以下者才能進駐。就算是放寬後的規定，最多也只到五十歲，我還是不符合資格。好不容易活到五十六歲終於小有成就，我發明的芋頭酥已有全國知名度，我開的公司每個月破千萬收入，讓我有籌碼可以將過去的家庭式工廠擴大，把經營規模往下一個階段推進。看了這麼多地方就幼獅工業區最適合，但這一條硬邦邦的規定阻擋了我拓展事業版圖的機會！」

阿聰師坐在辦公桌前思索可能的解決方法，卻始終無解。在一旁的阿聰嫂看到他眉頭深鎖，便走過來輕輕的將雙手靠在他的肩膀上，輕聲問道：

「怎麼了？在想什麼？」

阿聰師說：「怎麼每次要擴大規模時都會遇到困難？幼獅工業區規定要四十歲以下的青年才能在裡面設廠，我們兩個的年紀都不符合資格！現在看來比較適合的方法就是把原本登記在妳名下的公司，將負責人改為我們的兒子，但是他才剛回來不久，能馬上銜接公司的業務嗎？」

聽完阿聰師的煩惱後，阿聰嫂輕輕的笑了。她知道這個男人從小苦到大，結婚後用盡心力就是為了這個「家」，一心一意希望能讓家人豐衣足食，不用再像他小時候一樣為生活煩惱。他的責任感重，從餅店到現在公司化，凡事都親力親為，儘管已經有了許多員工，他還是親自揉麵團、做芋頭酥，像一顆陀螺一樣轉個不停。如今芋頭酥的生意越來越好，家中生活也不像剛創業時那麼艱困，或許正是傳承的好時機，也可以讓阿聰師好好休息。

於是，阿聰嫂對摯愛的丈夫說：「古人說三十而立，生泉也不小了，這家公司未來還是要交到他的手上，現在正是磨練的好機會，剛好讓他在你身邊跟著學習。或許生泉掛了負責人的頭銜後，會更積極努力的為公司付出，對你來說，也可以讓肩頭上的重擔有人分擔啊！」

記憶中的兒子

阿聰嫂的話讓阿聰師瞬間陷入回憶的漩渦，這個小時候到處亂跑的頑皮孩子，竟然一轉眼也來到接班的年紀了……

民國五十八年是迎接喜悅的一年，這年阿聰師家裡迎來新成員，阿聰嫂生下大兒子，全家都相當開心。雖然生活艱苦，阿聰師與阿聰嫂經常以工作台的麵板當床，整晚睡在爐子前等待烘烤出爐的雞蛋餅乾，但也因為用料比同行實在，生意漸漸穩定。

無論工作再怎麼忙，生活再怎麼拮据，夫妻倆還是對家中的第一個孩子呵護備至。他們用盡全力照顧這個孩子，替他把屎把尿，怕他冷、怕他餓，擔心他受病痛。每當他們感到疲倦時，只要看著孩子天真的笑容，一切辛苦彷彿都煙消雲散了。

「那麼努力，不就是希望你健康平安長大，不用再走我走過的路，受我吃過的苦！」

而在這一年年底，他們因為房屋問題被迫搬家，只能在除夕前一天抱著襁褓中的嬰兒，匆匆忙忙的整理打包，搬到文武路的新店面。

民國六十年，這個時候的阿聰師更加忙碌了，他沒有太多時間照顧孩子，經常放著活潑的吳生泉在店面跟工廠跑來跑去。阿聰師認為只要能看得到孩子就好，其他則放任他自己玩耍。誰知道孩子長大後變得越來越調皮，學會開門以後，竟然還會自己跑到馬路上探索外面的世界！儘管夫妻倆不斷提醒吳生泉不能自己跑出去，但他還是相當淘氣，不時的到處亂跑，讓他們相當頭痛。

有一天阿聰師在餅店後方的工作區忙碌著，耳邊突然傳來大街上派出所的廣播聲：「剛剛在變電所前面，有人撿到一個大約兩歲的小朋友，不知道是誰家的！如果有哪一家的小孩不見了，請趕緊到派出所來認領喔！」

那時合味香的師傅們正在努力趕出一批喜餅訂單，雖然聽不太清楚外面廣播的內容，但也沒時間放下手邊的工作去確認，只能邊做餅邊閒聊：

「喔？派出所裝新的放送頭喔！聽說是今天才裝上去的，剛剛是在講變電所那邊怎麼了啊？」

話題都還沒開始，阿聰嫂便匆匆忙忙的跑進來，非常緊張的問阿聰師：「你有沒有看到你兒子？派出所剛剛廣播說變電所那邊有人撿到一個孩子，聽起來很像我們生泉，我也沒看到他在店面或是家裡，他有在這邊嗎？」

一直低頭認真做餅的阿聰師，並沒有注意到吳生泉跑到哪裡去，直到阿聰嫂這麼說，他才驚覺兒子不見了，只剩下大女兒乖乖的躺在搖籃裡！他心頭一驚，趕緊丟下手中的麵團，連圍裙都來不及脫下，沾滿麵粉的手也還沒洗，便十萬火急的拉著阿聰嫂奔向派出所。

一進到派出所，阿聰師就看到一個小男孩悠然自在的東張西望。「那不正是吳生泉嗎！那個傻孩子，完全不知道自己闖下大禍，害我們的心臟差點嚇到從嘴巴跳出來。」這一刻阿聰師夫婦不知道該開心還是生氣，連忙向警察道謝並把孩子領回來。

想到這裡，阿聰師不禁笑了出來。那段剛創業時期要照顧孩子又得拚命工作，有時候真的會有所疏忽。對於孩子的教育，阿聰師比照自己父親對待他們兄弟姐妹的方式，沒有過多限制，也不會有太多規定。阿聰師很少打罵小孩，都讓孩子自由發展，只要孩子能讀書，他一定全力支持，提供一切所需的費用，儘量滿足孩子求學的需求。

孩子們也都相當乖巧，在成長的過程中，他們總會在家裡幫忙包裝或是跟著阿聰師一起到外地送貨。大兒子的手腳相當俐落，很快就能把餅乾包好；女兒們也都十分聰明乖巧，包裝、搬貨樣樣來，一家人倒也和樂融融。

後來吳生泉前往台南就讀南台技術學院二專部，退伍後曾經在業界做過皮件，也在光泉當過業務。當吳生泉要求回家幫忙時，阿聰師便期許讀商管類科的他，能為慢慢成形的公司建立制度，讓公司的發展更健全。

吳生泉進入公司的這幾年，父子倆經常一起到處上課，共同吸取專業技術、經營管理等各式新知。阿聰師想做塔式西餅時，他也帶著吳生泉一起前往日本參觀展覽，共同學習並討論喜餅的經營方針，後來才決定以塔式西餅為主軸。

當時沒有打進萬客隆的通路後，吳生泉便建議先轉進軍公教福利中心；當芋頭酥一夜爆紅時，他也積極用各種方式推廣「先麥」這個品牌，讓先麥的知名度擴及全台灣，並以較新穎的行銷方式，使傳統糕餅能被各年齡層所接受。雖然阿聰師原本期待吳生泉規劃的公司制度尚未成形，但在這幾年父子聯手的過程中，他看到自己的兒子漸漸能獨當一面，因此認為或許真的可以將負責人登記為吳生泉，自己也還能在一旁幫忙看頭看尾。

下定決心後，阿聰師把吳生泉找來慎重其事的對他說：「工廠現在要擴大，我想趁機將有限公司轉型。按照規定，我的年紀、學歷都不符合進入幼獅工業區的資格，這個公司早晚都要歸你，所以我想讓你掛負責人磨練一下。但我必須非常嚴肅而且鄭重的要求你，未來我會繼續研發，我們需要一起打拚，包含你的妹妹們，全家人必須團結。先麥就是主體，是我們大家的家，芋頭則是先麥的主軸，以後濕的、乾的、熱的、冷的，各種類型的產品將會持續研發，你們四兄妹每個人各負責一個部分。而你是大哥，是主幹，必須隨時支援妹妹們，你們兄妹們要齊心協力，相互合作。」

阿聰師看著吳生泉繼續說道：「將來先麥登記你為負責人，但實際運作上我一樣是董事長，你掛總經理的職務，所以四十%的股權給你，我跟你媽媽一人三十%，這裡面也包含你妹妹們一人六%。我們對待孩子不分男女，大家都應該要有股權。你要努力扛起先麥這個我用幾十年打造出來的招牌，並且好好照顧這個家。」相同的話，阿聰師也交代了他的三個女兒。

不管未來這些孩子去了哪裡，做著什麼工作，這間餅店永遠都是他們的家。阿聰師努力了大半輩子，不就是希望他們可以過更好的生活嗎？手心手背都是肉，他希望這些孩子能將先麥發揚光大，也期待妹妹們在大哥的帶領下，四個兄妹團結合作，共同創造出先麥與他們每個人更美好的未來。

被動了手腳的股權

在與兒子深談後，阿聰師就將公司的部分事務交給他，需聘請的會計師與法律顧問也都由他來找。轉型為股份有限公司的申請程序相當繁雜，這當中還包含了轉讓、股份分配、股東權益等事項，阿聰師全都放手讓吳生泉處理。因為相信自己的兒子，基本上吳生泉拿什麼文件來，阿聰師都是毫不猶豫就簽名，甚至連「空白的表單」他也直接聽從吳生泉的指示簽署。總之，吳生泉說什麼，他就全力配合。

「他是我的兒子啊！以前那麼乖，未來公司也要傳承給他，有什麼好擔心的？」當時阿聰師是這麼想的，也覺得應該要給予吳生泉絕對的信任。

阿聰師與吳生泉說好，先麥對外以及經營、行銷等相關工作，一切都由吳生泉負責；至於需要技術分析、工廠、生產、研發等相關專業的內容，就由阿聰師出面。確立分工後，兩個人便開始分頭出擊。吳生泉為了提升先麥的知名度，只要台中縣市有什麼相關活動他都會參與，盡可能出席以博得媒體版面，同時也花錢打廣告；阿聰師則在吳生泉的規劃下，被打造成「芋頭專家」的形象，將阿聰師明星化。

父子兩人合作無間，讓公司的業務發展得越來越好並且持續展店，他們將觸角延伸到熱門景點，如台中市七期、清水休息區等人潮眾多的地方，先麥就在一家人的共同努力下，兒女主外，阿聰師主內，業績蒸蒸日上。隨著生意越來越好，分店也越開越多，最興盛時期光是中港路（現稱台灣大道）與河南路交叉口的中港店，營業額就可以達到四百多萬元以上。

沒想到民國九十二年，當阿聰師為了觀光工廠的規劃與設立而重新審視公司資料時，一查才發現公司股份出現了極大的變動，讓他感到相當震撼與憤怒。

當年先麥要進入幼獅工業區的時候，阿聰師與吳生泉說好，吳生泉擁有四十%的股權，阿聰師與阿聰嫂共六十%。豈知民國九十一年竟起了變化，吳生泉手中的股權在公司增資後變成六十七%，阿聰師與阿聰嫂加起來只剩三十三%，這讓阿聰師非常生氣。

「我的觀念是先麥就是這個家，家中六個人都曾共同打拚，應該都要有股份。」當時談股份分配時，三個女兒雖然沒有掛名，但阿聰師與阿聰嫂講好，未來他們夫妻倆手上六十%的股權，必須給每個女兒至少六%。而吳生泉卻趁增資時丟出這一記變化球，讓阿聰師夫妻的股份大縮水，甚至可以說是被架空了。最讓阿聰師感到疑惑的是，兒子為何要瞞著他們這麼做？

一直以來，阿聰師與吳生泉同心協力，將先麥越做越大，公司業務也穩定發展，一切彷彿一首和諧的奏鳴曲。雖然阿聰師的想法比較傳統，而吳生泉年輕有衝勁，想法比較新潮，時間一久兩人難免在經營方針上有一些不同的看法，但相處都還算融洽，阿聰師也相當信任他。「他是我的兒子，父子之間還需要彼此提防嗎？」阿聰師對吳生泉完全的信任，對方要他簽署什麼文件就簽，完全不過問也不懷疑，如今換來的卻是隱瞞甚至是背叛，吳生泉竟然動了如此令人難以置信的手腳。

氣憤的阿聰師立即向吳生泉要求將股份改回原先說好的比例，但吳生泉給他的回應卻是此事已經定案，無法再更動，若要更改股權分配得花幾百萬元，程序也十分麻煩。

阿聰師相當憤怒的對吳生泉說：「幾百萬也要花！這是公平跟原則問題，我不管到底是會計師、法律顧問還是誰的主意，總之原本講好該怎麼做就照原來的說法做，做人不應該這麼貪婪！」

後來阿聰師多次要求吳生泉將股權比例調整回來，但他始終無動於衷，以拖待變。雖然阿聰師心裡感到相當不舒服，但工廠的事務十分忙碌，每天上午六、七點就得到幼獅工業區，直到晚上七、八點才回到家裡；而吳生泉與他的太太則每天都待在分店裡，非常少到幼獅工業區，更別說去工廠裡幫忙了。交錯的作息導致父子二人幾乎沒有互動機會，就算見面也都在活動場合，頂多將一些需要討論的事項定案後就各自離開，因此股份始終沒有進一步調整。

外人眼裡的人生巔峰：登上國宴的芋頭酥之父

儘管家庭內部有一股風暴正醞釀著，但在外人眼中，先麥卻是持續迎來高峰——阿聰師的女兒們都謹記父親的交代，用盡心思為先麥出力，努力打響公司的知名度。她們受到阿聰師的影響，相當認真的學習，並積極參與社會團體和公共事務，締造了不少讓先麥有所突破的機會。

吳佩玲當時建議成立愛的宣言咖啡廳，間接讓芋頭酥一炮而紅。後來她在參加台中縣工商發展投資策進會舉辦的「老闆娘研習營」時，認識了老縣長廖永來及其夫人。廖縣長夫婦對先麥的芋頭酥讚譽不絕，並在難得的機會下，帶著芋頭酥前往官邸拜會時任總統的陳水扁。這般美好滋味讓阿扁總統相當驚豔，於是在民國九十三年的就職晚宴上，他特別將先麥芋頭酥等在地食材製作的經典台灣美食，擺上國宴的餐桌宴請外賓。

此後許多迎接外賓的重要場合，先麥芋頭酥都成為餐後甜點的要角，讓它從此聲名大噪。全台民眾都想品嚐這顆紫色玫瑰的滋味，也好奇阿聰師的故事，這讓「先麥芋頭酥」成為大甲的代名詞，進而幫助地方提升能見度。

有了孩子們一同分擔公司事務，熱心公益的阿聰師在工作之餘，有了更多時間參加社會團體，像是糕餅公會或是觀光工廠協會等，並陸續擔任許多團體的要職。阿聰師總是把社會事務當作己任，盡全力為了公共利益而努力，因此受到業界與社會的敬重。

在外人眼裡，阿聰師是一個擁有幸福家庭與成功企業的人生勝利組；然而事實上，看似溫馨美滿的家庭卻逐漸瓦解……

茶壺內的風暴：與兒子漸行漸遠的心碎父親

民國九十四年因為交通規劃的關係，先麥中港店面臨可能無法營業的窘境。但西屯七期這一區是先麥的經濟大動脈，因此阿聰師決定購買秋紅谷對面的五層樓透天厝開設朝馬店，這樣若中港店被迫關閉，至少在七期還有一家分店。

然而當阿聰師要進行土地交易過戶時，又遇到問題了！他希望這棟房子可以登記在阿聰嫂名下，但先麥的會計師卻以作帳麻煩為由，不允許他這麼做，並要求他只能以公司名義登記購買。

一聽到又是程序問題，阿聰師知道其中必定有詐。會計師、法律顧問對他的種種限制與誘導，加上吳生泉的諸多怪異舉動，讓阿聰師心裡有越來越多的擔憂。他不斷催促吳生泉調整股份，對方卻是一再拖延。由於父子兩人作息差異太大，一直沒有機會見面詳談，無奈之下，阿聰師有事情都只能用寫的，再將紙條塞進吳生泉的房門內，但結果也是有去無回，始終得不到回音。

面對吳生泉的轉變，阿聰師開始仔細回想其中的原因。「這孩子從小就很乖巧，妹妹們也都說哥哥是家裡最乖的孩子。那個會陪我到處奔波，辛勤搬貨、送貨，當兵期間還會買東西回家給妹妹的貼心孩子去哪了？吳生泉在結婚後彷彿變了一個人似的，家人們都快不認識他了。」阿聰師無奈的說著。

兄妹之間曾經有相當濃厚的情誼

婚後因何成路人

從小到大，阿聰師對於孩子們的交友或是人生方向少有干涉，只要他們不做壞事就好。每個孩子的性格不同，發展方向也不一樣，阿聰師認為不需要強迫他們。

談戀愛這件事也一樣，如果王子與公主能過著幸福快樂的日子固然最好，但假如彼此個性不合，這也是孩子們自己必須面對的人生課題，因此對於吳生泉的交往對象到後續結婚娶妻，阿聰師都沒有表達過什麼意見。

但吳生泉結婚以後，阿聰師就覺得他像是變了一個人。特別是先麥登記在他的名下後，他與家人們的關係就越來越疏遠，只聽老婆與岳母的話，也只重視她們的感受。

像是當時吳生泉掛名負責人後，他的老婆就提出要求，希望可以掌管公司的財務主導權，但遭到阿聰師斷然拒絕。阿聰師的出發點是讓吳生泉承擔、負責他辛苦打造的事業，在過戶股權、接管工廠的過程中，他也還在觀察兒子的能耐，並非直接啟動所有接班計畫。而且過去公司的財務全都由阿聰嫂負責，因此阿聰師認為這塊還是由他們掌控更為妥當。

後來吳生泉將先麥中港店與清水休息區店登記在自己太太的名下，從此以後這兩間店的收益就變成他們掌管，鮮少有營收回流到總公司，阿聰師自然也無法知悉實際的收入狀況。

這種陽奉陰違的做法讓阿聰師無法理解，「這是在演八點檔嗎？如此諜對諜，家人之間的情感與信任何在呢？電視上播著兄弟鬩牆的企業爭奪劇，難道這個家也在上演另一齣爭奪經營權的故事嗎？」阿聰師怎麼都想不透一直十分乖巧的兒子為何會因為公司股權欺瞞他。

「公司在我們兩個離開世間以後，終究會是他的啊！真的那麼等不及嗎？還是擔心妹妹們回來爭奪財產？但他們兄妹自幼感情融洽，何況妹妹們的股權也才多少，有必要這麼擔心嗎？他們夫妻真的會貪心到全都拿走嗎？」想到這裡，阿聰師感到一陣心痛。

對於從小苦到大的阿聰師，「忍」是他最拿手的一件事情，且再怎麼說畢竟是自己的兒子，他的心中還是抱有一絲期望的。即便吳生泉持續不回應也未釋出任何善意，阿聰師還是不斷的壓抑自己，並且換個方式來抒發不滿，希望可以點醒吳生泉夫妻倆。

吳家各個大專生，人品智慧乃上乘。
少小事事共榮辱，婚後因何成路人。
新光東昇爭東亮，我家也演意難忘。
忠孝仁義皆丟棄，金錢財產歸自己。
人在福中不知福，兄嫂姊妹不知足。
煮飯洗衣皆免除，三餐樓上傭人服。
老爸老媽親像牛，少爺少奶睡至午。
凡事皆稟外婆娘，阿爸阿母不清楚。

這首詩是在吳生泉多次「已讀不回」後，阿聰師當下最真實的心情。事實上，最讓阿聰師難過的並不是股權問題，而是他搞不清楚孩子動手腳的原因。阿聰師在乎的不是那些錢，而是信任，也是情感。看著報紙、雜誌上照片裡掛名先麥公司總經理的吳生泉先生，阿聰師突然覺得這張臉好陌生，自己都快要不認識了。「那個人是自己的兒子嗎?兩人怎麼成了最熟悉的陌生人?」父子間的距離在不知不覺中，好像越來越遠了。

其實阿聰師相當肯定吳生泉的行銷策略與頭腦，但對方似乎沒有打算解決他的要求，顯得十分不重視這個父親。且除了工作以外，吳生泉夫妻跟家人們的互動幾乎是零，有很長一段時間全家人沒有同桌吃過飯，這讓長輩情何以堪。

「家已經不像家，當兒子的也不懂得協調，只會一味護著自己的太太與丈母娘。」吳生泉的種種行為讓阿聰師既憤怒又無奈，沒想到更誇張的還在後頭⋯⋯

某天晚上，吳生泉夫婦一行人出門後就再也沒回家。後來阿聰師經過打聽才知道，原來吳生泉舉家與他的岳母一同搬進七期豪宅，更離譜的是，阿聰師全家上上下下竟沒一人知道他買新房。

吳生泉搬離後與阿聰師的互動就更少了，加上股權問題一直無解，兩人的觀念與想法也漸行漸遠，經常出現兩代四人吵成一團的畫面。這段期間吳生泉甚至叫他們退休不要再管公司經營了，兩代的關係也因此降到冰點。

民國九十七年前後，阿聰師曾經有機會將先麥的版圖擴展到台中市區，以及在大甲的重要地段擴點，但都因為吳生泉的反對與消極而沒有下文。

另外位於自由路與台灣大道交叉口的九個太陽餅店曾與阿聰師談到價購問題，阿聰師覺得這是個將事業拓展到舊台中市的好機會，便交代吳生泉就近接手溝通及處理相關事宜，也希望擁有中港店與清水休息區店收益的吳生泉能協助支應價購金額，共同買下這個品牌與店面。起初吳生泉並不積極，後來他更直接表示不同意這次的併購，而讓這個機會就此消逝。

同一時期，大甲街上的重要地段也要出售。阿聰師認為吳生泉在鎮瀾宮後方租店面，不只要跟房東簽訂十年契約，還得花錢重新整修房屋，費盡力氣才讓廟后店完整經營——既要付租金又要幫人家修房子，根本是一筆非常不划算的投資。「既然如此，何不在大甲市區買下一間房子，等租約到期後再將店面搬過去，畢竟這才是長久之計！」阿聰師是這樣想的。但結果也一樣，這個提議依舊被吳生泉拒絕。

事實上，阿聰師一直無法理解吳生泉為何總用「沒錢」來打發他的拓展計畫，畢竟最賺錢的中港店與清水休息區店可是在吳生泉太太的名下！因此他要求審閱公司以及這兩間店的帳目，無奈吳生泉卻一拖再拖，找遍各種理由不願交出。於是阿聰師又要求從存摺查看銀行帳戶的進出狀況，沒想到吳生泉總是拿更換後的新存摺給他，他只能看到第一頁的剩餘金額，根本無法看到帳目的進出狀況。

阿聰師當時讓讀管理的吳生泉回來家裡幫忙，就是希望他能為先麥訂立制度，使公司有一套完整可以依循的規範，畢竟這才是長久發展的經營模式。但從吳生泉回家到接掌公司，始終沒有建立這套規章制度，而讓財務十分紊亂。

成立沃農士是為了延續先麥，卻埋下心結

父子二人除了在經營理念上意見不合，就連阿聰師最初的規劃，吳生泉都彷彿失憶般不願支持。當時成功研發芋頭酥時，阿聰師曾說過：「我雖然來不及參與當年的草蓆、草帽流行，但芋頭文化不缺席。」也喊出：「大甲是芋頭的故鄉。」他並非只是空喊口號而已，而是在這些年身體力行，將大甲芋頭做成各式產品。大甲是阿聰師的故鄉，因此他希望大甲的芋頭能發展出更多可能性，這也是他一大把年紀還是堅持親自參與製作、研發的原因。

當時芋頭酥成為了先麥的明星商品，但阿聰師不願意就此安逸，「持續發明」才是他的天性。而且企業要不斷進步，並且推展出多元的產品才有

未來性。於公，他希望發揚大甲傳統糕餅文化，推動文化藝術特產，讓大甲的芋農能繼續安心的種植芋頭；於私，他希望自己的兒女可以延續自身開創的糕餅事業，各自開枝散葉。

因此阿聰師在民國九十五年就註冊了「ＱＱのみ」（ＱＱ諾米）這個品牌，期待從芋圓、番薯圓這類產品發展，推出一系列的冷凍食品。當時甚至都已經在鐵砧山入口購買房子，並將窗戶打造成ＱＱ芋圓的造型，同時也積極申請商標。

接著在民國九十八年時，阿聰師看到大安區興安路一百六十八號的廠房貼出出售消息，他覺得這個位置相當不錯，便想在此發展出芋頭的不同樣貌。於是阿聰師找來三個女兒，要她們有多少錢就投資多少，並分配給她們每人百分之二十的股份，共同成立先麥的副品牌——沃農士。除此之外，阿聰師還在同一年間發明了「媽祖餅」，為先麥締造另一波高峰，同時也向自己心中的信仰致敬。

由於先麥股權被更動的關係，原本屬於公司的資產阿聰師幾乎都無法調動使用，因此身上的現金相當有限。但阿聰師不想再為此綁手綁腳，也不願因為吳生泉的反對而錯失購買機會，畢竟兩人從股權更動和吳生泉舉家搬遷後，關係就降到了冰點。於是阿聰師與女兒們決定向銀行貸款一大筆金額，由三位女兒聯名具保，經過一段時間的奔走，才順利將這筆錢借出來購買房產，也預計用在沃農士食品股份有限公司的創立。

就在阿聰師支付完購地費用，土地即將過戶前，突然有許多道上兄弟找上門，要求他付清前地主積欠近千萬元的債務。毫無頭緒的阿聰師在透過許多關係瞭解後，才知道原來前地主用這塊土地權狀當作抵押品向地下錢莊借貸，之後又將土地賣出，因此黑道才會找上門來。無奈之下，阿聰師的大女婿多次出面與對方溝通，最後還是支付了一大筆費用給地下錢莊，才順利完成土地過戶。

阿聰師期待以先麥為主體，用沃農士等品牌發展其他芋頭相關商品或產業。「我希望扮演先行者的角色，才能持續回饋家鄉。」他的腦袋裡有許多想法等待實踐，沒想到計畫趕不上變化，原本規劃好的藍圖，在這齣家庭鬧劇後一切全亂了套。

累積過多壓力，失去聽覺

面對煩心的家務事卻無人傾訴，加上民國九十八年開始接任台中縣糕餅公會理事長，以及中華民國觀光工廠促進協會理事長這兩個職務，讓阿聰師的壓力越來越大。外界看到的阿聰師，是一位事業有成，積極推動公共事務的成功企業家，但實際上他此時身心都承受著極大的煎熬。

特別是台中縣市在民國九十九年即將合併，身為台中縣糕餅公會理事長的阿聰師，積極的想促成台中縣、市糕餅公會的整合，因此不斷來回奔走與溝通協調，對他的身體造成相當大的負擔。雖然獲得外界的敬重，但事業、家庭、公共事務交雜的狀況，就連鐵打的身體都難以撐住如此龐大的壓力。

民國九十八年十月的某天早晨，正在廠房裡忙碌的阿聰師突然覺得右耳好像被什麼東西隔絕似的，聽不見外界的聲音，於是趕緊到耳鼻喉科診所看診。但三天後問題依舊在，他才驚覺事態嚴重，因此在大女兒的堅持與陪伴下，到了台北長庚醫院接受治療。經過醫師的診斷，由於阿聰師的症狀相當罕見，一時之間竟找不出失聰的原因，需要住院觀察才能進一步瞭解與治療，每天還得吃十一顆藥。

住院期間，阿聰師的女兒們輪流照顧他，而吳生泉僅到醫院探望一次，而且態度還像普通親友探病一般，稍微瞭解狀況後就離去，將照顧工作全交給自己的妹妹們。這樣的「關心」方式讓阿聰師相當難過，心情也更加低落，間接影響了失聰的恢復狀況。

出院後，阿聰師的耳朵仍然沒有起色，即使四處探尋名醫診斷，甚至轉診至心臟科改吃降血壓藥，狀況都還是沒有好轉。從此，他的右耳就這樣失去了聽覺。

一隻耳朵聽不見是相當不方便的事情，剛開始甚至連走路都會有困難，但阿聰師還是以積極的態度面對。「人總會老，零件也會壞，至少另一邊耳朵還聽得到！只要有一邊是好的，就還有希望。」阿聰師這樣安慰自己。不過他也隱約感覺到，大概是心裡積著太多擔憂的事情，才讓身體承受不住了，沒想到隔年阿聰師擔心的事完全爆發了……

原來我才是外人

民國九十九年的農曆年前，先麥的生意一如往常的好。因為訂單數量大而需要不斷支出原料費用，所以支票本很快就不夠用了，阿聰師便按照慣例前往台中銀行申請支票本。當他來到台中銀行大甲分行時，櫃檯的行員一看到他便露出為難的表情，並向銀行經理示意。銀行經理熱情的招呼阿聰師，搭著他的肩膀說：「阿聰師，走啦，咱去樓上泡茶！」

「和台中銀行合作那麼久了，雖然跟經理也算熟識，但今天怎麼突然那麼熱情要泡茶？」阿聰師在心裡納悶著。但他的腦袋裡此時只有工廠的工作，沒有心思跟經理多聊，於是便說：「工廠的事情那麼多，哪有時間泡茶，改天啦！」

沒想到阿聰師說完後，經理還是相當堅持要泡這一壺茶，讓他感到更加疑惑，便追問經理到底發生了什麼事，為何非得促膝長談。

經理說：「你們公司有個女生打電話過來，表示如果不是負責人本人來領支票，外人一律不准給。」阿聰師一聽，彷彿被一記重拳狠狠擊中，無法再聽對方繼續說下去。他的腦中一片空白，耳邊也嗡嗡作響。

「『外人』不能領，所以我現在變成先麥的『外人』了嗎？我吳聰朝從學徒做起到創立合味香，一路上風風雨雨經過這麼多事情，研發這麼多產品，才有芋頭酥今天的風潮，讓先麥風靡全台，讓公司營收有現在的成績，也養大這幾個孩子。如今吳生泉跟這個媳婦翅膀硬了，要過河拆橋了嗎？沒想到在他們眼裡，我已經成為『外人』了！」

經理還在他面前滔滔不絕的說著，但家醜不可外揚，阿聰師馬上回過神來長嘆一口氣，鎮定的對經理說：「經理啊！我現在是『外人』了對吧？我知道你們銀行電話都會錄音，也有紀錄，如果我現在硬要領走支票，你也一定是要給我的，但我不想讓你難做人。她的電話比我早一步打來，我領走了你會很難向公司和她交代，所以我今天不領，不讓你為難。」

離開銀行後，阿聰師一路上想著自己創業的過程，以及兒子出生後的點點滴滴，有喜、有樂，當然這孩子也陪著他們夫妻倆過了一段甘苦的日子，但兩人對他可說是百般呵護，長大後也對他抱持著滿滿的期待，父子間更曾經有過一段合作無間的過程。

「吳生泉怎麼會放任自己的老婆這麼做？從私自侵占股權到現在，怎麼會弄成一齣血淋淋的爭奪經營權肥皂劇？」想到這裡，阿聰師不禁感嘆：「糕餅烘焙五十年，歷經蒸炒烤焙煎，中點西餅半世紀，遍嚐酸甜苦辣鹹。」

人生是酸的、苦的，還是什麼味道呢？阿聰師只知道自己是做糕點的，應該要屬於「甜」。他總是做出好吃的餅，帶給別人滿滿的甜蜜感受，但從創業至今一路胼手胝足，阿聰師的心中有多久沒感受到甜的滋味呢？原本以為發明了芋頭酥，締造事業的高峰，再加上子女們一起共同打拚，便可以頤養天年。沒想到兒子卻起了異心，與自己的老婆、岳母做出種種令阿聰師無法理解也不能接受的行為，這一次的「外人事件」，也讓他看清那個曾經乖巧懂事的兒子終究是回不來了。

認清事實後，阿聰師便向工廠的職員下令：「即刻起全面中斷中港店與清水休息區店的貨物供應。」他心想：「反正我都是外人了，何必送貨到那兩家店？」沒想到幾天後，阿聰師發現自己的指令並沒有被落實，工廠依舊將貨物經由廟后店分別轉發給中港店與清水休息區店——換言之，吳生泉管理的那兩家分店還是沒有斷貨，這讓阿聰師相當生氣。他質問辦公室裡的員工為何沒有徹底執行他的指令，員工也無奈的回答：「廠長跟阿聰嫂都說有錢賺為什麼不賺？要我們繼續出貨。」

阿聰師激動的對員工們說：「養出這樣的孩子，若是你們不生氣嗎？古人云：『養不教，父之過。』把孩子教成這樣是我的錯，不應該怪你們。但我現在是外人了，難道外人還要幫忙出貨嗎？」

一些比較資深的員工好言安撫阿聰師，試圖按捺他的情緒，但身為一個被架空的董事長，一個被孩子背叛的父親，他怎麼可能吞得下這口氣！

隔天阿聰師到花市買了好幾盆花跟扁柏，送給辦公室的每位員工，員工上班以後看見盆栽都感到非常驚訝。

「昨天阿伯不是還在大發雷霆嗎？今天怎麼突然送大家盆栽？」

資深員工撒嬌的問阿聰師怎麼對他們那麼好，阿聰師便說：「過年要到了啊！幫你們點綴一下，你們每一個都又漂亮又『聽話』。」

比較敏感的員工依舊覺得奇怪，便繼續追問：「不對啊！阿伯你昨天還在跟大家說不要出貨，講到總經理還很生氣，今天怎麼突然送這些呢？」

阿聰師這才正色說道：「送你們花跟扁柏是要告訴你們，你們的眼睛都看『花』了，我叫你們不要出貨你們還是出了，真的很聽話！很聽那個不把我當爸爸，不把我當董事長的總經理的話。送你們扁柏是代表你們做的這一切，就是在『貶』我這個你們口中的『阿伯』！」

拐著彎罵人，也讓員工知道他是真的生氣了。阿聰師的心中布滿低氣壓，他知道工廠的士氣也是如此，但他就是無法嚥下這口氣。他一直在等，等吳生泉來向他說明，給他一個解釋。

有一天吳生泉因為公務來到工廠，阿聰師逮住機會劈頭就要他把一切講清楚。阿聰師想知道媳婦為什麼不准他領支票，還有中港店及清水休息區店的營收去哪了，以及股權移轉的問題。

多年後，阿聰師其實也記不得那一次談話的詳細內容了，只知道吳生泉的回覆令他十分憤怒。他記得自己的口氣相當尖銳，吳生泉也不客氣的回嘴，兩人就這樣吵了起來。面對不可理喻的兒子，阿聰師最終忍無可忍，拿起一旁的雨傘就往吳生泉身上招呼過去，而吳生泉俐落的閃開，並沒有被打中，但也負氣離去。兩人久違的對談就這樣不歡而散，也為後來更嚴重的衝突埋下伏筆。

幼獅工業區上演家庭鬧劇

一手打造的公司股權被侵占，兒子與媳婦又不斷爭奪財務和經營權，還有外部協會的公共事務，加上耳朵突然失聰……件件樁樁壓得阿聰師喘不過氣。他不斷檢討與反思自己的教育是否出了問題，否則兒子怎麼會變成這個樣子。阿聰師越想越忿忿不平，於是在民國九十九年四月媽祖進香回鑾後，他決定將工廠全面停工。

既然吳生泉要架空他，直接奪走經營權，甚至謊話連篇不斷欺騙家人，而工廠內從廠長到阿聰嫂，以及眾多的員工，每一個都還是堅持賺錢優先，不顧是非對錯，阿聰師也只好選擇以最極端的方式應對。做餅原本是件相當愉快且甜蜜的事情，沒想到如今卻變成家庭惡鬥的最大衝突點。

看著眼前的麵粉與機器，阿聰師的內心有股聲音告訴他：「生意不要做了！做成這樣有什麼意義？收一收吧！不要做了！」

阿聰師拉下工廠的鐵門並貼出公告，宣布全面關閉產線。這個決定嚴重衝擊了公司，因為先麥與清水休息區有簽訂合約，規定在約期內必須維持基本的出貨量不得斷貨，且還有許多下游廠商催貨的壓力，作為負責人的吳生泉必然更是焦急，於是最後演變成一場最大的衝突。

民國九十九年五月五日，那天是星期日，但阿聰師卻接到消息說有人開啟工廠的大門，正在將廠房中的機器及原料搬上貨車。人在家中的他急忙開車來到幼獅工業區，想要阻止現場正在搬東西的黑衣人。萬萬沒想到，這批人全都是吳生泉找來的！

「你這個不孝子！為什麼要搬走工廠的機器？你要把這些器材載去哪

裡？這些都是我辛苦幾十年打拚下來的，你憑什麼說搬就搬？一個兒子憑什麼搶走父親的基業？」阿聰師激動的質問吳生泉。

「你的基業？你是在毀掉你的基業吧！我才是一直努力挽救公司的人！你已經多久沒出貨給我的門市了？我都得從不同分店調貨來支援生意最好的中港店及清水休息區店。你這些傷害公司的舉動我都讓你、忍你，至少生意能繼續做下去就好。但你現在更誇張，直接把鐵門拉下來二十天不出貨！開什麼玩笑？我一個負責人有多少員工要養，你可以任性放著不做事，我無法不負責任的丟下員工們的生計。」

「你的門市？你還真的把那兩間分店當成『你的』門市！中港店與清水休息區店的營收款項你有多久沒拿回來了？你還敢說那是生意最好的兩家分店！那賺到的錢呢？既然生意最好應該有賺錢啊，為什麼還要跟你媽要錢發薪水以及其他費用調度？那幾千萬買七期豪宅的錢又是從哪裡來的？反正你跟你老婆說我是『外人』啊！要餅，你們自己想辦法！」阿聰師憤怒的回嗆。

而在這場衝突中，最心痛的其實是阿聰師的太太，吳生泉的媽媽。就在母親節前一個禮拜，眼看著最親密的兩個男人發生這麼激烈的衝突，她不知道自己該幫哪一邊。「若兒子搬走機器，未來工廠怎麼辦？我們一輩子的心血會不會就此瓦解？父子倆撕破臉，這個家是不是就真的破碎了？」想到這裡，無助的阿聰嫂兩腳一軟，雙膝跪到地上央求吳生泉收手。

沒想到吳生泉看到自己的媽媽跪下後依舊無動於衷，繼續指揮黑衣人將設備搬上車。現場一片混亂，氣急敗壞的阿聰師拚命阻止黑衣人搬機器，一旁跪在地上的阿聰嫂不斷哭泣，指揮若定的吳生泉則站在旁邊，還有一大群到場的警察與記者，形成一幅荒謬卻又相當真實的悲劇畫面。

眼見吳生泉鐵了心，阿聰嫂想起擔任鎮瀾宮常務董事的二姐夫與董事長顏清標、副董事長鄭銘坤相當熟稔，應該有辦法阻止這些滿身刺青的黑衣人。於是她趕緊打電話給二姐夫，哭著說明現場的狀況，請他幫忙找人出面協調。

掛斷電話不久後，便有人搭著休旅車趕到幼獅工業區，一下車就對搬運中的黑衣人破口大罵。這些黑衣人看到來者是大哥級的人物，全都嚇到停下動作。經過瞭解後才知道，原來這些黑衣人有些是吳生泉找來的地方人士，有些則是按件計酬的臨時工，他們只知道要來搬機台，對於其他內情完全一無所知。後來有些人甚至訝異的對阿聰師說：「什麼！這是你的工廠喔？怎麼他媽媽都跪下了，他還這樣做啊？」

透過阿聰師的二姐夫居中溝通，吳生泉這才將態度放軟，決定接受協調。黑衣人也將還在現場未載走的麵粉與設備陸續搬下車，暫時結束了這場爭奪機器的家庭鬧劇。

從這天開始，阿聰師夫妻因為擔心吳生泉會再次突襲搬走設備，便每晚都睡在工廠裡不敢回家。另一方面，吳生泉則在隔天召開記者會，委屈的表示父親疼愛妹妹們，另外成立了公司想掏空先麥，各大媒體也陸陸續續報導這個事件。

2010/05/06 06:00

吳生泉昨率員到先麥公司大甲幼獅工業區廠房搬生產機器，與父親找來的人馬，雙方在廠區對峙叫囂。（記者歐素美攝）

停工20天 兒子上門搬機器

〔記者歐素美／大甲報導〕知名的先麥食品公司因吳聰朝與吳生泉父子不合，爆發經營權之爭，工廠停工20天，部分店面因斷貨暫時關門無法營業，吳生泉5日前往大甲幼獅工業區廠房欲強行搬走生產器具，雙方人馬對峙叫囂，經地方人士出面協調，風波才暫告平息。

先麥食品公司因利用大甲特產芋頭生產芋頭酥，並用台灣地圖形狀為包裝，打響名號，曾被列入國宴點心之一，但地方人士表示，該公司董事長吳聰朝與總經理吳生泉父子因理念不合，屢有爭執。

不料，父子衝突最近升上檯面，導致先麥公司位在大甲幼獅工業區的工廠停工近20天，位於大甲鎮文武路及蔣公路的店面因斷貨而暫時關門未營業。

吳生泉：父袒護妹擬另創品牌

吳生泉表示，因父親袒護2名妹妹，有意另創品牌，不讓工廠生產營運，他才於昨天上午率員前往廠房搬機具，準備遷移繼續生產，維持營運。

吳聰朝：兒媳想霸佔公司

吳聰朝則表示，兒子與其妻子、岳母及會計師聯手，想要霸佔他和太太一手創立的公司，另創品牌是他不同階段發展營運的規劃，並表示，兒子心胸不夠寬大，怕女兒來搶佔公司，才會造成父子失和。

吳生泉表示，父母原為先麥最大股東，後公司增資，他出資最多，持有6成股份，並取得經營權，對於父子失和，十分低調，希望能儘速解決紛爭。

A

先麥芋頭酥 疑爆爭產糾紛

【記者陳秋雲／大甲報導】生產國宴點心「大甲先麥芋頭酥」的台中縣先麥食品公司爆發疑似爭產糾紛，創辦人吳聰朝指兒子吳生泉「沒有倫理道德」，多年前轉移過半的股權到手；負責人吳生泉說沒到「父子反目」地步，他有6成6股權，一切低調，不想破壞父子之情。

先麥食品的芋頭酥風行17年，在全省開6家分店，創辦人「阿聰師」吳聰朝發明紫色風味的芋頭酥，也成功帶動芋頭相關產業，93年被指定為國宴點心，營業更攀上高峰，名聲還遠播大陸。

吳生泉昨請來工人搬走工廠機具、原料，經協調又搬回原地，創辦人吳聰朝指控兒子是公司名義上的負責人，多年前卻將過半股權轉移到吳生泉自己手上，「阿聰師」嚴詞批評吳生泉「沒有倫理道德」。

吳生泉表示，父親被人慫恿才會傳出「爭產風波」，老人家還到工廠鬧了一場，甚至砸壞設備。

吳生泉解釋，先麥公司的資本額原本是500萬，後來逐年擴增到2800萬，他承認父母早期投入較多資金，現在他個人持股增加到66%；他說，可能父親對他的認知不同，才有誤會，他在法律站得住腳。

吳生泉強調，父子沒問題，父親做餅技巧高超，但他經營公司有目共睹，目前他須維持營業正常、工廠照樣生產、口味不變。

B

A －2010.05.06 自由時報報導「父子鬧翻 先麥食品爆發經營權之爭」

B －2010.05.06 聯合報報導

父子相爭 先麥芋頭酥停業多日

陳世宗／中縣報導

中部知名的先麥食品公司，創辦人吳聰朝與兒子吳生泉父子，爆發經營權之爭，工廠停工廿多天，部分店面因斷貨被迫暫時歇業，經地方人士居間斡旋，八日父子達成部分協議，全省十一間門市部分已正常營業，預期趕在十日能夠全面復工。

以大甲特產芋頭製成芋頭酥等產品的先麥食品公司，利用台灣地圖形狀為包裝打響國內市場，曾被列入國宴的主要點心。公司創辦人吳聰朝與總經理吳生泉父子，因經營理念不合，日前即產生紛爭。

先麥父子經營權之爭，位在大甲幼獅工業區的工廠，因故被迫停工廿多天未再生產，造成大甲鎮文武路、蔣公路、鎮瀾街等店面，因上游斷貨暫時關門未再營業，地方眾說紛紜。

創辦人吳聰朝指出，他的兒子與其妻子、岳母等人聯手，意圖要霸占他一手創立的先麥公司，他想再創品牌是不同階段發展營運規畫目標，因兒子怕他的妹妹來搶占公司，雙方才會造成父子經營理念不一。總經理吳生泉說，他父親因坦護妹妹有意另創品牌，不讓工廠繼續生產營運，他才於五日上午，率領員工前往廠房搬機具，準備遷移到其他地方繼續生產，期能維持公司正常的運作。

吳聰朝及吳生泉父子經地方人士出面斡旋下，昨日達成部分協議；金額部分由吳生泉開具支票分期給付給父親，全省十一間門市部分已恢復烘焙營業，尚有部分門市歇業中，期能趕在下周一全面恢復正常營業。

▶中部聞名的先麥食品，爆發父子經營權之爭。（陳世宗攝）

阿聰師指兒子「乞丐趕廟公」

陳世宗／人物專訪

先麥食品創辦人「阿聰師」吳聰朝，八日晚上談到他的兒子吳生泉，以「乞丐趕廟公」來形容；阿聰師說，先麥草創時他只忙於做餅及生產，那知道會遭到乾坤大挪移，目前他致力研發「媽祖餅」，此事告一段落後，他要請大家呷「媽祖餅」。

阿聰師昨夜感慨地說，他兒子現在說什麼他都不會再相信，因為都已經信用破產；連吳生泉要搬出去時，他和老伴都還被蒙在鼓裡，老伴問孫女她們要去哪裡，孫女都騙兩老說要出去走走，那知道一去就不再回頭。

吳聰朝心痛表示，接著就是兒子五日帶領二、三十人，開大貨車到幼獅工業去要搬生產設備，真是情何以堪。

「老仔死做無路用！」阿聰師說老一輩子都拚死拚活，希望子女能成龍成鳳，年輕人坐享其成，卻又不知感恩，原本想說無論如何都是自己的孩子，沒想到孩子會聯合外人來打擊他，讓他心灰意冷。

責任副總編輯／潘富堅　編輯／林芳瑱

D

芋頭酥爭產案 子找調人和解

【記者白錫鏗、陳秋雲／連線報導】國內知名的「大甲先麥芋頭酥」疑爆發父子爭產疑案，先麥食品公司總經理吳生泉昨召開記者會，強調父親與胞妹另成立公司，因而產生糾紛，甚至父親還打了他，但「父親是天」，他絕對尊重父親，日內將透過台中縣副縣長張壯熙等人協調，希望早日復工，避免影響員工生計。

先麥食品公司創辦人「阿聰師」吳聰朝說，他栽培兒子，不但讓他受高等教育，一路讓他參與公司事務，到頭來卻暗中轉移他與老伴的股份，就是怕他的女兒搶公司。吳聰朝反擊說，這個兒子不孝、不義，他一定要拿回公司的經營權。他並指兒子吳生泉在台中市買豪宅，錢從那裡來？

吳生泉則強調，他尊重自己的父親，不會講太多，且他並沒買豪宅，一棟房子自備800萬還要貸款1500萬，算豪宅嗎？

吳生泉昨在台中市朝馬分店召開記者會，他說父親經營芋頭酥生意已40多年，他17年前接掌時僅兩、三名員工，當時負債900餘萬元，經父子辛勤經營下，始有今天國內11家分店、營業額上億元的局面。

沒想到父親與兩名胞妹去年另成立沃濃士公司，為了取得資金及軟硬體設備，搬走總工廠大部分的生財工具，還叫員工不得進入工廠工作，造成父子失和，並影響員工生計。

吳生泉表示，他在公司股權有66%，父母各有17%，父親要求他給付現金7500萬元、大甲的兩家老店、以及「阿聰師」這塊招牌，但他一時籌不出鉅款，希望父親給他時間籌款。

C

C －2010.05.07 聯合報報導衝突後吳生泉的說法
D －2010.05.09 中國時報報導雙方說法

許多人看到先麥發生了這麼嚴重的家庭衝突，陸續出面居中協調，希望父子倆各自放下成見，恢復過去的和諧，讓事件和平落幕。面對這麼多說客來家裡，阿聰師都強顏歡笑，假裝堅強，但他的內心其實相當痛苦，畢竟他面對的是自己拉拔長大，親自賦予他「負責人」這個重任的兒子。他無法原諒吳生泉用欺騙的方式對待他們，特別是將自己一手打下的江山用「合法但不合理」的方式奪走。

阿聰師經常自我反省的說：「會計師是他找的，法律顧問也是他請的。遇到這種事情，我老婆是鴕鳥心態，我是姑息養奸，而法律和社會是助紂為虐。」

所有的事情與衝突都不是偶然，明知吳生泉的欺騙行為，卻沒有積極處理；對他過度的信任，許多文件沒有多查看就蓋章，才導致了現在的後果。

嚴格說起來，就是過度放任造成的結果。

許多人都勸阿聰師放下，包含阿聰嫂也要他放手，甚至在阿聰師想要處理時，她還會「一哭二鬧三上吊」的說要離婚。這些年阿聰嫂沒有功勞也有苦勞，她的付出阿聰師全都看在眼裡，因此也只能放棄積極處理。

「都六十好幾了，早晚要將江山交給下一代，何必如此堅持？為什麼不乾脆交棒，放下一切享受天倫之樂就好？」面對這些說詞，阿聰師引用宋朝的古詩表心聲：「一點清油汙白衣，斑斑駁駁使人疑。縱饒洗遍千江水，爭似當初不污時。」

這些日子以來，這個孩子瞞了他多少事情，做過多少傷透他的心的行為。如今疙瘩已經在，兩人要當作什麼事都沒發生過是不可能的，就像個深深劃在心上的傷口，永遠都不會癒合了。

捌／

沃農士展翅高飛

沃農士
展翅高飛

真心換絕情

這場風暴幾乎澆熄了阿聰師的雄心壯志，不是無法再做餅，也不是腦袋中沒有想法，而是重新創業本身就是一件非常困難的事。阿聰師需要花更多力氣去處理從無到有的基礎建設，原本已經規劃好的計畫也被迫延宕。

「我不知道自己還有幾個三十年可以再創業，但還是得積極面對一道又一道的難關。」

除了面對親生兒子的背叛，阿聰師一手拉拔、共同打拚的愛徒也被吳生泉帶走了，這對他來說無疑是另一記重擊。這位徒弟是先麥當時的廠長，更是阿聰師最得力的左右手，阿聰師將他視如己出，悉心栽培，但他卻選擇在這次父子之爭中與吳生泉一起離開。

想當初這位徒弟會加入合味香是因為他的母親，她吃了合味香的糕餅後覺得相當對味，也欣賞阿聰師的為人，因此便上門拜託阿聰師收自己的兒子為徒。那個時候開心奶酥正熱銷，合味香的生意時常好到忙不過來，因此有年輕人願意來幫忙，阿聰師自然是樂觀其成。

而這個孩子來到合味香以後學習態度良好，做事也十分積極，因此阿聰師總是不藏私的帶著他從頭學習，他也成為阿聰師的得力助手。幾年後，這位徒弟除了做餅以外還想學習更多的烘焙技術，像是做麵包和蛋糕，因此表示想要離開合味香到其他店家學習。這個舉動讓阿聰師更欣賞他了，畢竟阿聰師自己年輕時也是在建成珍學得差不多以後，就往不同領域進修，吸收更多知識。於是阿聰師介紹他到台中的一家麵包店學習，但他後來待沒多久就收到通知入伍去了。

退伍後這個徒弟又回到合味香，一待就是好多年。這段時間阿聰師並沒有虧待他，反而展現出惜才之情，甚至曾表示若自己的孩子沒有意願承接糕餅事業，便會將事業傳給他。先麥成立以後，阿聰師也在自己的愛徒面前提醒兒子說：「未來如果有一天我不在了，你還是要好好尊重師傅。就算師傅退休了，也必須請他繼續擔任顧問。」看重之情，溢於言表。阿聰師本就把他當成家人對待，更感念他這些年的幫助。

在阿聰師與吳生泉決裂後，吳生泉知道這位師傅正是取代父親的最佳選擇，因此便將他挖角過去了。這件事讓阿聰師相當震驚與難過，儘管後來徒弟帶著禮物前來拜訪，阿聰師都拒絕與他見面。那是一種遭到雙重背叛的痛苦——同時失去一手創立的公司與兒子，也失去了共同打拚，走過許多起伏的愛徒。

儘管在情感上相當痛苦，但理性上阿聰師知道，過去在研發這塊自己還是出謀劃策的主要人物。徒弟能當到廠長定有相當的能力，但論研發能量，阿聰師還是很有把握。「未來糕餅的創意、領先地位，還是得跟著我的腳步前行。」對於糕餅研發他有著滿滿的信心，絲毫不畏懼被打倒或取代。

事實上，阿聰師心裡早有一個藍圖，規劃出完整的「芋頭帝國」。

重起爐灶千頭萬緒

先麥易主期間，阿聰師因為情緒不穩定，身體一直相當虛弱；疼愛獨子的阿聰嫂更是整天以淚洗面，嚴重失眠到必須靠著安眠藥才能勉強入睡。

人們常說時間可以沖淡一切，是傷痛的最佳解藥，但背叛自己的若是親生骨肉，是含辛茹苦養大的孩子，做父母的又該情何以堪？血濃於水的情感豈是那麼容易就能放下？

即便兒子與愛徒的行為讓阿聰師身心俱疲，他仍不輕言放棄。阿聰師認為自己還有能力再創奇蹟，可以用多年的深厚功力與紮實品質，重新打造出屬於自己的糕餅王國。

阿聰師與吳生泉兩人最後達成協議，連同中港店等所有不動產以及先麥都無償讓渡給吳生泉，阿聰師則可以保留幼獅工業區的廠房。

然而這個曾經讓阿聰師登上人生巔峰，風光一時的幼獅工業區，現在已有太多不堪的回憶，觸景便會傷情，因此他決定賣掉廠房離開傷心地，回到最初的起點，那塊養育他的土地——大安。但重起爐灶後的問題多如牛毛，面對五花八門的狀況，經常讓阿聰師懷疑自己的決定。

「是業障，是使命，還是笨笨笨。咬著牙，含著淚，何苦年屆七十再創業！」跟阿聰師同一時期創業或是年紀差不多的企業家與朋友們，多數不是退休了，就是過著每天遊山玩水、閒雲野鶴的日子。阿聰師原本也可以清閒的過退休生活，但面對如此家變，反倒激起了他不認輸的精神。更重要的是，他對這塊土地和芋農還有一份責任，所以必須變得更強壯，才能繼續奮鬥。

當初將公司名稱取為「沃農士」，就是希望師法祖師爺孔明，期許自己成為臥龍先生的蠻頭兵。「沃農」這個詞取自諸葛孔明的號「臥龍」之諧音，而「沃農士」想要表現的就是「天、地、人」。老天爺下起雨水落入土地中，滋潤了大地並帶來養分，造就大甲、大安的特殊土壤，在農夫們辛勤的耕作下，最後種植出高品質的芋頭。阿聰師在抱持著對天、地、人的尊重下，帶動台灣芋頭的紫色奇蹟，也成為他一生的責任與使命。

阿聰師說：「一步一腳印，腳踏實地，跨越半世紀，傳統又創新，昂首闊步，邁向一甲子。雖然萬事起頭難，但我的人生就是一步步，做好每一件該做的事情。」

有行動就有機會，沃農士在成立後重新推出「阿聰師的糕餅主意」這個品牌，穩紮穩打，慢慢累積。阿聰師期望自己可以延續過去五十多年的經驗，在創業六十年後再創高峰，完成使命。但是他也知道自己已經老了，若真想重起爐灶，無法僅憑一己之力，因此他找來三個女兒及女婿們，共同商量以「沃農士」這個商標重新開始。

對阿聰師的女兒們來說，她們關心的其實只有一件事，就是父母身體健康、開開心心就好。看著爸媽因為與哥哥的衝突遭受那麼大的打擊，身心都受到嚴重影響，讓她們相當難受與擔心。因此得知父親打算重新開始時，她們都認為這是件好事，也紛紛決定回家幫忙，希望可以帶給父親更多力量。於是三個女兒帶著一腔熱血與滿滿的孝心，陸續結束本來的工作，從新竹、高雄等地回到爸媽身邊。

胼手胝足擺脫百廢待舉

「我的人生就像海波浪，不斷的起起伏伏。」阿聰師無奈的說著。特別是房地產，阿聰師每一次購買廠房或房屋時，總會遇到各種奇怪的狀況。

走進歷經波折才購得的工廠，阿聰師並沒有開心的感覺，因為映入眼簾的是彷彿廢墟般的荒蕪光景。裡面牆垣傾頹，甚至多數的門窗都不知去向，只剩下柱子孤獨的屹立在一旁。原本地主跟阿聰師說工廠裡有的許多設施，像是地磅之類的，也都在產權轉移前遭到變賣。

最早回來協助建廠的吳佩玲與她的丈夫，費盡心力與阿聰師討論廠房設計，從零開始打造這個工廠。就連當時合作的裝潢廠商都大力誇讚，說他們能用幾百萬元將這個廢墟建置起來真的非常厲害。從規劃廠房到購置生產設備，大概花了一兩年的時間，整體基礎建設才算完成。而在處理這些行政庶務的同時，他們也規劃了「阿聰師芋頭文化館」，希望打造出能讓遊客參訪的觀光工廠。

吳佩芬與她的丈夫則是負責技術研發，但其實阿聰師的女兒與女婿們在這塊都是門外漢。雖然過去吳佩芬與吳佩玲都曾經在高雄及台南開設先麥的分店，但她們的工作主要以銷售為主，加上從小跟著阿聰師邊看邊做，會做也會包裝，但當中的原理與技術她們從未深入研究。為了協助缺少助手的阿聰師，吳佩芬的老公與吳佩娜花了非常多時間到中華穀類食品工業技術研究所上課，努力學習糕餅、原料的原理與技術，才漸漸可以與阿聰師以及曾經待過先麥的表弟一起建立工廠內部的管理模式，並配合阿聰師的經驗繼續研發新技術。

吳佩娜與她的丈夫初期負責處理各種行政庶務，像是立案等相關程序。同時因為吳佩娜過去在先麥就曾負責行銷業務，因此當沃農士成立以後，他們夫妻倆便共同推動行銷與商品包裝，積極參與各式活動、展覽，只要有任何曝光機會他們絕不放過，也因為這樣的主動出擊，慢慢為公司建立起品牌形象與通路。「阿聰師的糕餅主意」這個全新的品牌，就在一家人胼手胝足下，漸漸有了雛形。

對於阿聰師的女兒們來說，經營事業並不容易，尤其她們都沒有相關經驗，一切必須從零開始學習。在先麥時，她們只知道要幫忙家裡讓生意變得更好，但卻從未參與公司經營。先麥邁向巔峰的時候，許多重要決策或是推動模式，都是阿聰師與吳生泉討論後直接向她們宣布，三個人只能默默的幫忙，不便表示太多意見，甚至連生意與營收狀況她們也不清楚。

吳佩芬說：「芋頭酥大賣以後，我只知道家裡的生意很好，但完全不知道原來公司的營收那麼高。」先麥的一切只有阿聰師與吳生泉瞭解，三位女兒從未參與核心決策，這也讓她們在沃農士的創業之路走得更加艱辛。上至公司的制度規劃，下至產品的行銷策略都必須重新制定，儘管她們感到相當頭痛，但也只能硬著頭皮做中學。她們必須盡快完善一切規章制度，才能確保公司早日步上軌道。

阿聰師天真的以為只要手藝還在，創意持續湧現，而且商品美味實在，就能跟第一次創業推出雞蛋餅乾時一樣受到民眾的喜愛，接著產品就會熱賣。然而對手強打了「先麥才是芋頭酥的正宗」這個口號，甚至強調要吃到正宗的阿聰師芋頭酥就要到先麥，所以市場上大家仍然是認「先麥」這個品牌，「沃農士」或是「阿聰師的糕餅主意」對民眾來說都相當陌生，甚至會覺得是山寨版的先麥。因此，沃農士的生意始終未見起色，更燒掉了不少向銀行借貸的週轉資金。

除此之外，社會上也有許多不實消息不斷流傳，誣指阿聰師的女兒們是為了搶家產才慫恿阿聰師離開先麥，重新創立沃農士，甚至還傳出「三個女兒挾持老父親，不准吳生泉探視父母」等荒謬又沒有根據的說法。

許多刻意中傷沃農士的負面假消息透過各種管道到處流竄，不明事理的人也開始胡亂瞎掰。單純的阿聰師與三個女兒不懂得妥善處理這些沒來由的蓄意攻擊，他們相信「清者自清」，認為只要彼此各司其職，用好的商品說話，便能博得民眾的喜愛，但他們顯然低估了「人言可畏」的可怕。

當這些消息讓阿聰師的女兒們背上莫須有的罪名時，她們被外界投以異樣眼光看待，進而影響到公司業務洽談或工作執行。過去在先麥的時候，她們與廠商或同業接觸時，都會受到相當的禮遇，談生意可說是無往不利，但到了沃農士以後一切卻變了調。

阿聰師的女兒們回憶道：「過去成功來得太快，那些合作廠商或同業都是自己找上門，希望我們買他們的原料或出貨給他們。但失去先麥的光環後，銷售數量及營收都成了未知數，就連進銷貨都要傷透腦筋，那些原先很主動的廠商也變得保守被動。」

當先麥易主後，阿聰師的三位女兒用新創立的公司品牌在社會或業界與人互動時，經常碰到軟釘子。不僅如此，還有許多人因為誤信謠言而對她們指指點點，甚至冷言冷語的譏諷這群雜牌軍成不了氣候。「如人飲水，冷暖自知」，她們深深感受到了人性的現實與殘酷。

這些內憂外患讓全公司從上到下都感受到相當大的壓力，對手的壓迫、外界的眼光、公司的營收狀況等等，每天一開門就是賠錢，壓得大家幾乎喘不過氣。但畢竟都是吳家人，骨子裡都流著「不輕易認輸」的血液，儘管面對逆境與外界諸多的雜音，這一切挫敗仍無法擊倒團結的一家人，以及他們渴望浴火重生的決心。再多的冷嘲熱諷與無良攻擊，都只會激起全家人更強大的意志。對他們來說，對手永遠只有自己——只有不斷超越自我，才能締造新的巔峰。

要成功就要不斷創新

為了讓品牌重生，大家不斷思考各種可能性。像是沃農士的團隊曾經為了要與先麥做出區隔，因此想用紫色以外的顏色來代表「阿聰師的糕餅主意」。但過去阿聰師為先麥打下的基礎太深厚了，讓「紫色、芋頭、芋頭酥」成為缺一不可的組合，且紫色是芋頭的代表色，若更換成其他顏色可能會引起消費者的反彈。經過內部多次反覆討論與不斷調整，最後才確立了現今的深紫色，因為它既能維持芋頭形象的聯想，又能與先麥做出些微區隔。

在沃農士成立的前幾年，公司經營都處於相當艱辛的狀態。雖然阿聰師與他的女兒們對於商品的創新與品質都有著絕對的信心，且阿聰師源源不絕的創意與行動力，讓糕餅猶如孫悟空般千變萬化、活潑有力，但好的商品若想被看見，就得透過強大的品牌魅力，才能讓這些優勢浮上檯面。品牌經營是一條漫長的路，開拓通路更不是一朝一夕可以完成，所以阿聰師與他的女兒們只能持續「好好做事」。

幸好，真材實料且用心經營的品牌總有一天會被看見！沃農士在民國一百零二年從眾多企業中脫穎而出，獲選台中市金手獎績優中小企業。這個獎項非常難獲得，因為它起初是強調「黑手精神」，專門針對工業類型的中小企業，直到後期「從黑手轉金手」開始，才有食品業入選，而且每年也只選一間。此外它的評比過程非常嚴格，除了產品本身要吸引人，還要評鑑工廠、消防、衛生、檢驗，同時也會檢視品牌道德與創新程度，每一年都有很多的競爭者，加上篩選與審核條件嚴格，因此能獲獎真的十分不容易。

這是阿聰師人生的第二座金手獎，他也是唯一一位二度獲獎的企業家，第一次是在先麥時，第二次則是失去先麥後，以成立僅三年的沃農士獲得此殊榮，足見阿聰師的能耐與實力。此外，獲選金手獎代表「對台中市社會有貢獻的中小企業」，也正好對應了阿聰師「關懷社會與台中鄉土人文」的初衷。

同時，阿聰師也積極參與各項比賽，從中了解公司可以如何優化。藉由產、官、學等不同角度來審視企業經營，持續透過競賽來了解市場趨勢並且激發創意，而不是一味迎合市場。

在這個過程中，阿聰師逐漸了解到不能再安於過去的商品種類，因為說到芋頭酥，大家就會想到先麥，因此沃農士不能再以芋頭酥作為明星商品，「創造出新的明日之星」是唯一解法，也是阿聰師最擅長的老方法。唯有研發出與先麥不一樣的熱銷商品，沃農士才能走出一條屬於自己的康莊大道。

有了這個念頭以後，阿聰師又開始四處走動、探訪。在一次因緣際會下，他想到可以用「大甲這塊土地的豐饒與農民的韌性」為主題，在糕餅上訴說這個故事。於是他以此為概念，用大甲的上等檳榔心芋做出全新產品——「小芋仔」。

小芋仔使用了天然植物油，搭配綿密的芋泥內餡、Q彈的麻糬，再加上鹹蛋黃點綴，餅皮層次分明，超越過去芋頭酥的單一口感——這是芋頭酥的再進化。此外，阿聰師在它的最外層刷上可可，烘烤過後，小芋仔就像一顆尚未削皮的芋頭，有著美麗且充滿線條感的花紋。而最核心的蛋黃就像大甲這塊豐饒的土地上，有著一群樸實且具有韌性的芋農，辛苦耕耘出大甲的驕傲。

製作糕餅並不像一般人想像中那樣，只要把內餡包到酥皮內就能完成，而是得經由師傅多年的經驗與巧手慢慢揉捏、塑型，才能做出一顆可以販售的產品。小芋仔與過去其他產品最大的差異，在於它一共有三層內餡層層疊疊，這個作法非常困難。其實在民國一百零二年時，阿聰師就想要研發這項新產品，但直到民國一百零五年才實驗成功，讓小芋仔得以上架販售，過程中的辛苦可想而知。民國一百零八年，阿聰師甚至讓小芋仔更進化，包進了流沙內餡，展現他寶刀未老的手藝，以及勇於創新的行動力。

此外，小芋仔同樣以自然為師，原料來自芋頭，外觀也是仿造芋頭的造型，讓它超越芋頭酥，成為新一代的芋頭明星商品。它擬真的外型就像一顆「可以連皮吃的芋頭」，使許多饕客趨之若鶩，紛紛前來嚐鮮。

多年來阿聰師的產品總是秉持著自然、純手工的原則，就是為了做到食品業最基本的「吃得健康，吃得安心」。不添加過多化學原料才能嚐到最原始的風味，也符合阿聰師做餅的座右銘：「來自自然、模仿自然、師法自然、自然之美、美味自然。」

像是當時研發芋頭酥時，阿聰師堅持只用天然原料不添加任何化學物質，因此保存期限只有三天。沒有過多的包裝也不放乾燥劑，完全就是食品最原始的樣貌。直到後來為配合宅配需求才調整放入乾燥劑，但製餅材料依舊使用最天然的原料。

民國一百零三年，台灣爆發地溝油及黑心豬油危機，引發一場食安風

阿聰師的新產品「小芋仔」及其他商品都是向自然取經

暴，但阿聰師領軍的新品牌「阿聰師的糕餅主意」並沒有被波及，安全過關，這也是阿聰師幾十年來做餅始終堅持的信條。

除此之外，阿聰師也時刻以自己的專業和創意幫助社會。民國一百零九年，彰化縣大城鄉的番薯收購價錢僅剩往年的四分之一，在不符成本的情況下，許多農民都選擇放棄採收。這時，當地仕紳想到曾讓大甲芋頭起死回生的糕餅魔法師——阿聰師，便特別上門尋求協助，希望他能讓大城鄉的台農五十七、六十六號甘藷展現出不同樣貌。收到這個請託後，阿聰師義不容辭的出手協助，並研發出「一蕃風順」餅，他希望可以拋磚引玉，讓台灣的農產品有更多新面貌，也能幫助農民提升生計。

阿聰師說：「我本來就想多使用台灣在地的農產品來製作糕餅，所以面對此次番薯的跌價，我特別嘗試製作了番薯餅，希望能讓民眾更喜歡番薯，就能幫助到更多農民。」

除了大城番薯以外，阿聰師也使用大肚山上的番薯做餅，並推出「芋蕃風順」禮盒。他不僅是為了推廣在地食材，同時也企圖將當地的故事與文化融入糕餅中，讓這些「在地的聲音」可以被更多人聽見。

世界級的肯定——小芋仔正式超越芋頭酥

歷經千辛萬苦，一切從頭開始的「再次創業」，就在阿聰師與他的女兒們一步一腳印的付出與奮鬥中，終於讓公司慢慢步上正軌。走過布滿荊棘的路，才能獲得美好的果實，他們逐漸擺脫失去先麥與親情的陰霾。

而象徵阿聰師再次崛起的明星商品——小芋仔，多年來入選台中十大伴手禮，並被指定為外交部駐日代表伴手禮贈送給國外友邦。民國一百零一年，阿聰師將小芋仔送往比利時參與素有「食品界米其林」美名的「International Taste & Quality Institute 國際風味暨品質評鑑所」，簡稱iTQi的單位進行國際評比。這個獎項每年會針對來自全球各地的食品與飲料等加工品進行評選，並邀請歐洲頗具盛名的餐飲、烘焙與品酒專家進行盲測，對來自一百二十個國家的數千件產品，依照外觀、香氣、口感、質地、韻味等條件進行評分，競爭可說是極為激烈。

沃農士從上到下都相當重視這個比賽，阿聰師也依舊堅持以最原始自然的方式，不添加其他化學物質，想辦法克服運送、保存等問題，將「小芋仔」的樣本送到比利時。經過激烈的評選競爭後，小芋仔終於獲得iTQi的認同，榮獲「Superior Taste Award 風味絕佳獎章二星美味」。

這個獎項具有十分重大的意義與突破，以大甲芋頭原始樣貌作為外型，並運用在地食材做出來的小芋仔獲得世界頂尖的肯定，這不僅成功外銷台灣文化讓世界看見，也等同於正式對外界宣告小芋仔勝過前輩芋頭酥。

失去先麥的阿聰師並沒有被擊倒，仍持續走在領先的地位，果然只有阿聰師才能超越阿聰師！「阿聰師的糕餅主意」這個品牌也在征戰各種評選並屢創佳績後，逐漸提高知名度，讓消費者慢慢瞭解到「先麥不是阿聰師，阿聰師在沃農士」。

在地責任，回饋地方

「將所學貢獻社會，將所得回饋地方。」這是阿聰師從先麥到沃農士都不曾改變的初衷。他持續關切社會需求，積極回饋地方，幫助更多需要幫忙的人。沃農士在產品與品牌定位上不斷推陳出新，經營方式也隨著時代滾動式調整，但唯一不變的，是希望「為社會、家鄉付出」的初心。

阿聰師時常想起年幼時在溪邊放牛、奔跑、遊玩的童年回憶，深知「甲安埔」這塊土地滋養了他，「大甲媽」更是他重要的心靈支柱。故鄉，對阿聰師來說有著難以割捨的情感。然而近年來年輕人出外打拚，家鄉逐漸高齡化，人口外移的狀況越來越嚴重，令他感到十分憂心。

沃農士許多員工都是在地的年輕人，阿聰師與他的女兒們期待將他們培養成公司棟梁，因此從不吝於提供研習、進修的機會，支持員工學習，並給予更好的待遇吸引年輕人返鄉就業，將人才留在家鄉。

「你要人家青年返鄉也要讓他有飯吃，不然回來吃芋頭會飽嗎？」阿聰師走在時代的尖端，從很早就開始推動地方創生，明白「青年返鄉」這個議題的重要。

此外，阿聰師與他的女兒們也鼓勵「內部創業」，不管是員工還是在地年輕人如果有創立品牌的想法，或是製作糕餅的新思維，他們都很願意支持。創新的商品可以由沃農士來協助商品化並量產，品牌則由創業者經營、推廣，他們希望與地方青年和在地品牌共同進步，大手牽小手，一起跨步向前。

阿聰師的女兒們說：「爸爸說我們要重新定位，但我們該如何做？大家都知道我們是芋頭糕餅起家，要如何在市場做出差異化呢？我們認為最重要的是堅持，並且當別人的貴人。我們鼓勵員工內部創業，創造出第二個、第三個品牌……或許不是很大的牌子，但我們願意投資他們的未來。現在不是一個超級英雄的時代，不是東西做好就會有人買單。我們希望自己可以成為一個平台，協助年輕人發展更多元的事業，讓他們成為沃農士堅實的夥伴，讓有想法的人擁有可以發揮的舞台。爸爸帶動台灣芋頭產業的奇蹟，真的是功德福報，作為他的女兒，我們要堅持不懈的創新、推進。」

阿聰師與他的女兒們也在持續進步，他們運用了許多新潮的經營觀念，甚至加入近年盛行的 ESG 理念（Environment：環境保護、Social：社會責任、Governance：公司治理），期望將沃農士打造成台灣糕餅產業的永續品牌。

吳佩娜為現任台中市產業故事館發展協會理事長，她希望將台中每一個品牌的故事說給消費者聽。她致力於深耕這塊土地，邀請了在地文創店家及文化工作者串連「甲安埔」文化能量，試圖讓大家更認識當地故事。同時她也積極推動豐富的深度體驗，推廣地方文史與生態，成為海線特色產業鏈，真正落實地方創生的效益。

信奉媽祖信仰的阿聰師在公司業務較為穩定後，積極與地方社福團體合作，讓工廠成為弱勢者的工作場所，提供許多「慢飛天使」就業機會。阿聰師說：「媽祖教導我們眾生平等，製作糕餅的過程有許多動作是多練習就能做好的。這些孩子雖然是身心障礙者，但只要耐心的教導他們，針對不同的孩子安排不一樣的工作，秤斤、揉麵團、包餡料、裝袋，他們都可以做得很好。當你看著他們露出有成就感的笑容時，心情也會跟著變好。」

每到佳節時分，阿聰師總會關心社會各個角落的人們，除了配合公所、慈善協會推動寒冬送暖、捐贈物資、捐血活動外，還會在新年時與大甲、大安、外埔、后里區公所和學校合作，捐贈糕餅給低收入戶，讓他們能在過年加菜，開心過個好年。另外在母親節時，阿聰師也會贈送蛋糕兌換券給弱勢兒童，讓他們能為媽媽準備蛋糕，說出對媽媽的愛，凝聚了許多家庭的親子情感。

疫情期間，阿聰師還捐贈口罩及由媽祖餅改良的護國庇民平安餅給醫護人員，並與馨安啟智家園合作，由他們銷售，沃農士出貨，利潤則歸給馨安啟智家園來募集老憨兒重建家園經費。阿聰師與他的女兒們做這些事都是為了回饋社會，啟動善的循環，並肩負起企業的社會責任。

除了在國內做愛心，阿聰師也把自己的企業當成國民外交平台。民國一百零九年，阿聰師的小芋仔名列駐日代表處拍攝的國慶影片中，並作為特色伴手禮送給日本友人，在日本掀起一陣旋風。隔年阿聰師為了感謝日本政府捐贈一百二十四萬劑AZ疫苗給台灣，特別回贈了五百份護國庇民平安餅給日本，感謝他們對台灣的友好舉動，用糕餅進行國民外交。阿聰師的小芋仔也外銷到中國、新馬、美加等地，他希望用糕餅讓世界看見台灣。

「行善，善行就會循環，進而讓社會變得更祥和美麗。」阿聰師始終這樣教導自己的孩子，而三位女兒也接下父親傳承的重擔，讓台灣純樸的美好傳統延續，繼續用糕餅為台灣留下最美的風景。

魔術師的糕餅魔法永不停止

年近八十的阿聰師還是每天在工廠進進出出，忙碌於大小事務，但他卻樂在其中，畢竟糕餅就等同於他的生命。重新創造品牌的他，需要女兒和女婿們共同並肩作戰，這些親人都是他重要的左右手。

阿聰師引古詩詞所言：「手把青秧插滿田，低頭便見水中天。心田清靜方為道，退步原來是向前。」他看似退讓放棄了先麥，但其實心中有著更長遠的期待。「啟動大台中烘焙文化之都，成就新台灣糕餅創意故鄉」，這是他多年來的心願，也是公司一直以來的目標。

阿聰師的人生從不順遂，處處充滿挑戰，卻也使人欽佩近百歲的他還能有這樣堅持不服輸的精神。更難能可貴的是，一路從奶油酥餅、開心奶酥、芋頭酥到小芋仔，無論阿聰師以什麼身分，身處哪間公司，他始終都是糕餅產業的先行者，而他的後方，也總有著眾多的追隨者。

時至今日，阿聰師的女兒們陸續做出成績。吳佩玲延續父親的想像，在沃農士越來越穩定以後，跳脫過去糕餅為主的模式，開了一間以芋頭為主題的餐廳。後來更創立品牌，結合小農讓芋頭有更多樣貌，多方發展各式商品，像是芋頭蜜罐頭、芋頭餅乾等。

吳佩芬則是留在沃農士負責會計、財務，努力維持著公司的營收。她與她的丈夫從門外漢到專家，研發出全台唯一用芋頭熬煮的「真・芋頭霜淇淋」，並從坊間眾多的芋頭冰淇淋中脫穎而出。一般來說，外面大部分店家的芋頭霜淇淋都是加粉，很少用純芋頭熬煮，因為這是相當難的技術。但吳佩芬的丈夫深入研究並發明了這道點心，讓芋頭有了更多可能，更成為大甲廟后店獨賣的商品。

同樣專職在公司的吳佩娜則是積極拓展公司各種可能的發展面向，她與阿聰師一樣熱心於社會公益，認真打造品牌形象與特色，希望讓世界看見阿聰師與芋頭酥。

有著傳統台灣人憨厚、努力的特質，笑起來帶點靦腆的阿聰師，就像台灣水牛一般，情牽故鄉不忘本，任勞任怨不放棄，刻苦耐勞存善心。

「咱大甲人就是樸實，可以出生在這裡是我的福氣。我的人生路上雖然遇到一些難關，但我相信那都是老天爺給我的考驗。儘管如此，我的心態還是相當正面，就像四季變換，風景各異，要學會欣賞。」阿聰師說。

人的一生總會歷經風風雨雨，而阿聰師的做餅人生就像一朵壓不垮的紫色玫瑰，在那些峰迴路轉的最後，迎來的都是柳暗花明又一村。

人生七十才開始，有著無限精力與熱情的阿聰師仍持續在糕餅的奇幻旅程中大步向前。

大事記

民國三十三年——阿聰師出生

四十九年——阿聰師進入建成珍餅行學習

五十一年——阿聰師去台北大峰餅店歷練

五十二年——阿聰師進入大甲許清珍餅店學習

五十三年——阿聰師去當兵

五十六年——阿聰師第一次創業：合味香餅店

——阿聰師與太太林昭治結婚

五十九年——歐巴桑委託阿聰師做喜餅，進而研發「奶油酥餅」

六十二年——阿聰師研發與改良「開心奶酥」

六十六年——阿聰師首次買房，搬至文武路三十八號

七十八年——阿聰師完成先麥營業登記

八十四年——阿聰師研發「愛的宣言」

八十七年——阿聰師研發「芋頭酥」

八十九年——阿聰師搬至幼獅工業區

九十二年——阿聰師成立觀光工廠並發現公司股份被更動

九十三年——芋頭酥登上國宴

九十八年——阿聰師接任台中縣糕餅公會理事長
——阿聰師接任中華民國觀光工廠促進協會理事長
——阿聰師登記沃農士商標
——阿聰師研發「媽祖餅」

九十九年——父子發生幼獅工業區搶器材與設備大戰
——阿聰師第二次創業：阿聰師的糕餅主意（沃農士）

民國一〇二年——阿聰師以沃農士獲選台中市金手獎績優中小企業

一〇五年——阿聰師研發「小芋仔」

一一〇年——沃農士榮獲第三屆品牌金舶獎

小芋仔榮獲 iTQi Superior Taste Award 風味絕佳獎章二星美味

一一三年——獲選第六十屆金馬獎在地伴手禮

壓不垮的紫色玫瑰

口　述　阿聰師（吳聰朝）
撰　寫　林宗德
發行人　林育申
總編輯　曾而汶
專案行銷　王玫瑜、賴畇心
文字編輯　杜佩軒
視覺設計　陳玟諭
封面設計　陳玟諭
出版者　台灣遊讀會股份有限公司
地　址　新北市五股區五權三路二十二號六樓
電　話　02-2299-9770
E-mail　service.youduworld@gmail.com
官方網站　https://youdutw.com/

初　版　二〇二三年十二月
定　價　新台幣 380 元
ISBN　9786269738311

國家圖書館出版品預行編目(CIP)資料

壓不垮的紫色玫瑰：點芋成金的米其林做餅魔法師 / 阿聰師（吳聰朝）口述；林宗德撰寫. -- 初版. -- 新北市：台灣遊讀會股份有限公司, 2023.12

面；　公分

ISBN 978-626-97383-1-1（平裝）

1. 吳聰朝 2. 傳記 3. 糕餅業

783.3886　　112018167

YouduWorld 遊讀世界

遊讀世界